科技部 科技部人文及社會科學研究成果推廣叢書

台、日、韓憲政體制與選舉制度

王業立 蘇子喬 石鵬翔 ★ 著

　　憲政體制與選舉制度是民主國家最重要的兩種政治制度，且由於這兩種政治制度密切相關，不少研究者都強調憲政體制與選舉制度兩者應配套觀察。就我國、日本與南韓這三個文化背景類似的東亞民主國家而言，三個國家的憲政體制分別屬於不同的類型：日本為內閣制、南韓為總統制、我國為半總統制；但這三個國家的國會選舉制度則皆同屬並立式混合制（或稱並立式單一選區兩票制）。基於台、日、韓相似的國會選制與相異的憲政體制，本書關切的核心問題是：當同樣類型的國會選制遇上類型各異的憲政體制，將會產生哪些值得比較的政治效應？這個問題在過去的研究文獻中並無太多著墨，值得深入探討。

　　本書內容希望兼顧通俗性與學術性，一方面本書具有知識普及化的科普性質，試圖以較淺白的文字敘述交代事實，使一般讀者了解台、日、韓三國的憲政體制與選舉制度；另一方面本書也具有理論內涵，探討台、日、韓相異的憲政體制與相似的國會選舉制度所形成的交互作用，試圖與當前政治制度的學術研究對話。因此，本書讀者可以根據自己的需求採取不同的閱讀策略，對於民主國家政治制度較陌生的一般讀者，可以將閱讀的焦點放在本書第一章「緒論」、第二章「台、日、韓憲政體制的運作」、第三章「台、日、韓選舉制度的運作」，以

掌握台、日、韓憲政體制與選舉制度的基本內涵與實際運作經驗；對於憲政體制與選舉制度相關議題已經相當熟悉的學術研究者，則可將閱讀的焦點放在本書的第四章「台、日、韓混合式選制在不同憲政體制下的政治效應」，以掌握本書對於這三個國家憲政體制與選舉制度相互配套觀察所提出的學術觀點。至於本書第五章結論對於我國未來的憲政改革與選制改革提出評估與展望，此一攸關我國民主政治發展的重要政治議題，則值得一般讀者與學術研究者共同關切。

　　本書的初稿，曾歷經多位高中公民教師的試讀與兩位匿名學術先進的審查。高中公民教師在試讀過程中提供的建議，提升了本書的可讀性，使本書朝政治學知識普及化的理念更邁進一步。兩位匿名學術先進所提供的修正意見，使得本書的學術品質得以提升。當然，本書追求「雅俗共賞」的企圖必然仍有許多未竟全功之處，尚請各位讀者與學術先進不吝批評指教。

蘇子喬

目次

第一章

緒論

壹、前言

　　我國立委選舉制度於 2005 年第七次修憲時，由原先以**複數選區單記非讓渡投票制**（single nontransferable vote under multi-member-district system, SNTV-MMD）為主的選制改為**並立式混合制**（mixed member majoritarian system）（一般簡稱「並立制」），並於 2008 年第七屆立法委員選舉首次實施。並立式混合制實施至今時間雖然不長，卻一直有檢討批判的聲音。社會各界批判的主要觀點認為，並立式混合制造成各黨得票率與席次率頗不吻合（即比例性偏差的現象），且扼殺小黨的生存空間，而主張以德國式聯立制（mixed member proportional system）取代現行的並立式混合制。選制改革在我國立委選舉改採並立式混合制後，始終是政壇與學界不時討論的議題。

　　另一方面，近來國內政壇也掀起了憲政改革的呼聲，許多論者呼籲我國憲政體制應透過修憲調整為內閣制，取代當前的半總統制，憲政改革的討論目前在政壇與學界方興未艾。事實上，選制改革與憲政改革這兩個層面的檢討不宜偏廢一方，應同時進行。舉例來說，當我們批判現行的選舉制度並試圖以聯立制取代並立式混合制時，應該同時思考聯立制與我國當前的半總統制是否適合互相搭配。而當我們批判當前的憲政體制並試圖以內閣制取代半總統制時，也應該同時思考內閣制與我國當前的並立式混合制是否適合互相搭配。總之，選舉制度與憲政體制實有必要進行配套思考。

　　觀察我國與鄰近國家的選舉制度與憲政體制，我國國會選舉採行的並立式混合制在東亞國家並非罕見，當前日本與南韓國會選舉亦採行並立式混合制，且日本、南韓與我國的國會選制變遷方向亦雷同，皆是由單記非讓渡投票制改為並立式混合制。不過，在憲政體制方面，日本、南韓與我國的憲政體制則分屬不同類型：日本的憲政體制是內閣制，南韓與我國的憲政體制則分別是總統制與半總統制。從選舉制度與憲政體制配套思考的角度來看，我們可以問的問題是，日本、南韓與我國的並立式混合制，如何與該國的內閣制、總統制與半總統制相互搭配？這三個國家的選舉制度與憲政體制組合而成的整體制度運作是否順暢？這三個國家的並立式混合制在不同憲政體制下所造成的政治效應有何不同？以上是本書的主要問題意識。

　　關於台、日、韓三國的憲政體制，由於日本採行的內閣制與台韓兩國具有直選總統的憲政體制差異甚大，因此學界很少會將日本與台韓憲政體制進行比較。至於台韓的憲政體制，單獨探討台灣與南韓憲政體制的研究文獻固然頗多，但除了 Wu 和 Shen（2017）與蘇子喬（2017）之外，將台灣與南韓的憲政體制進行比較的研究非常少見。這可能是因為南韓憲政體制向來被認定為總統制，因此在一般直覺上不認為南韓與採行半總統制的我國在憲政體制上有可資比較之處。事實上，儘管台韓兩國憲政體制類型的定位不同，但南韓憲政體制在內涵上仍具有世界上一般總統制國家所無的內閣制特徵。南韓這種非典型的、具有混合制色彩的總統制，與我國當前的半總統制其實有許多相互比擬之處。蘇子喬（2017）即認為南韓的總統制與

台灣的半總統制乃是「形異實同」的憲政體制。

　　關於台、日、韓三個國家的國會共同採行的並立式混合制，若檢視當前學界對於並立式混合制政治效應的相關研究，目前已累積了頗為豐碩的成果。例如王業立、彭怡菲（2004）；黃紀（2008）與蕭怡靖、黃紀（2010）對並立式混合制下選民的一致投票與分裂投票進行分析。Huang and Yu（2011）；鄭夙芬（2008）與游清鑫（2012）探討了民眾對於立委新選制的認知、參與及評價。林繼文（2008）；陳陸輝、周應龍（2008）；郭銘峰（2010）；黃紀（2010）探討了並立式混合制下兩票的互動效果。鄧志松、吳親恩、柯一榮（2010）觀察了我國新舊選制下選票空間分布與席次偏差。王鼎銘、郭銘峰（2009）與林長志（2009）運用了定群追蹤資料（panel data），分析新舊選制變革過程中的選民穩定變遷投票行為。另外有不少學者並非針對特定面向，而是就並立式混合制對我國政治生態的可能影響進行綜合性的評估。例如王業立（2016）；陳滄海、林瑞隆（2005）；吳親恩、李鳳玉（2007）；游清鑫（2006）；盛治仁（2006）；盛杏湲（2008）；廖益興（2010）等。

　　值得一提的是，針對評估並立式混合制政治效應的各項方法或研究設計上，近年來亦獲得國內學者的重視，並已有相當成果，包括效應評估（impact evaluation）的因果推論方法（黃紀，2010）、新舊選制變遷選區重劃政治效果的評估方法（游清鑫，2008）、評估選制變遷對區域立委代表行為的影響（如盛杏湲，2008）與對地方政治生態的影響（如黃信達、

王業立，2008）、民眾選制認知評價的焦點團體研究法（鄭夙
芬，2008）、以政黨得票的全國一致化程度（nationalization）
檢視選制變遷對於政黨體系的影響（蔡佳泓、王鼎銘、林超
琦，2008）等。部分研究更進一步提出可運用地理資訊系統
（geographic information system, GIS）與空間分析方法（spatial
analysis），估算新制下立委的選舉地盤（鄧志松、吳親恩，
2008）。整體而言，目前國內學界針對並立式混合制政治效應
的研究，除了強調研究設計的嚴謹度外，包括質化與量化研究
方法均有十足進展，而新資訊科技的運用也獲得相當重視。

　　不過，從上述的研究成果可以發現，可能是因為日本是
全世界並立式混合制的代表性案例，也可能是因為日本選舉
資料的蒐集較為便利，學界對於並立式混合制政治效應的研
究，有頗多文獻是將我國與日本進行比較分析，例如 Batto et
al.（2016），卻很少將南韓視為一個可與我國進行比較研究
的案例，更別說將我國、日本與南韓三個國家同時進行比較。
目前學界將台、日、韓選舉制度的效應進行較為細緻的比較研
究，就筆者所知僅有 Tsai et al.（2011）。且到目前為止，學
界尚無任何研究是以台、日、韓三國的不同憲政體制作為探討
並立式混合制政治效應的主要視角。本文認為，比較日本、南
韓與我國的並立式混合制在不同憲政體制下的政治效應，除了
可以進一步深化目前學界關於並立式混合制的研究，也能夠為
當前學界有關憲政體制與選舉制度的配套研究提供進一步的線
索。

　　本書共分為五章，本章緒論除了本節指出本書的研究動機

與目的之外，隨後兩節將分別對台、日、韓三國相異的憲政體制與相似的國會選舉制度進行簡介。本書的第二章與第三章將詳述台、日、韓憲政體制與選舉制度（包括總統與國會選制）的實際運作。第四章則探討台、日、韓的並立式混合制在不同憲政體制下的政治效應，政治效應將分為政黨體系、政府型態、選民投票行為這三個層面進行探討。第五章結論則對我國未來的憲政改革與選制改革提出評估與展望。

貳、台、日、韓相異的憲政體制

　　台、日、韓的憲政體制分別屬於不同類型：日本是內閣制、南韓是總統制、我國是半總統制。以下將分別簡介台、日、韓三國的憲政體制。

(一) 台灣的憲政體制

　　我國憲政體制係歷經 1990 年以來的多次修憲而成為半總統制。所謂半總統制，依據杜瓦傑（Maurice Duverger）最為學界熟知的界定方式，是指符合下列三個要件的憲政體制：第一，總統由普選產生；第二，憲法賦予總統相當的權力（considerable powers）；第三，在總統之外，尚有總理為首的內閣掌控政府的行政權力，其對國會負責（亦即國會有倒閣權）（Duverger, 1980: 165-167）。事實上，我國憲政體制在修憲前，根據憲法本文規定，原本就兼具總統制與內閣制的特徵，與半總統制本就有若干形似之處。不過，由於我國總統

在修憲前係由國民大會選出而非由人民直選，且行政院對立法院負責的方式乃是透過質詢與覆議制度而非透過倒閣制度，故仍不完全符合半總統制的要件（Duverger 所指的總統由人民直選、總統有相當權力、內閣對國會負責等三要件）。但是在 1994 年第三次修憲將總統改由人民直選，1997 年第四次修憲賦予立法院倒閣權，並賦予總統直接任命行政院長與被動解散立法院的權力之後，我國憲政體制便已完全符合 Duverger 所指出的半總統制三要件，故可歸類為半總統制（蘇子喬，2017：101-102）。

　　首先，我國總統由人民以相對多數制直接選出，任期四年，連選得連任一次。其次，我國總統擁有相當的權力。依現行制度，總統的重要職權包括：任命行政院長；公布法律、發布命令；行使締結條約及宣戰、媾和之權；宣布戒嚴；行使赦免權；協調五院之間的爭執；發布緊急命令；於立法院倒閣後得解散立法院等。總統之下並設有國家安全會議與國家安全局，以協助總統決定國家安全有關大政方針。第三，除了總統享有上述的行政權外，掌握國家行政權的主要機關乃是行政院。透過質詢制度、覆議制度與倒閣制度，行政院須對立法院負責。上述三點完全符合半總統制三要件。以下進一步就總統、行政院（內閣）、立法院（國會）三者之間的權力互動關係，說明我國憲政體制規範層面的特徵。

我國的總統府。

　　就我國總統與行政院長的關係而言，總統享有憲法上明文列舉的權力，其他行政權依憲法第 53 條規定概括授予行政院，亦即總統享有明文列舉的行政權，行政院享有概括的行政權。我國憲政體制中存在著總統和行政院長兩位行政首長，具有行政權二元化的特色。在 1997 年第四次修憲之前，行政院長由總統提名，經立法院同意後任命；在修憲後則改由總統直接任命，不須經立法院同意。至於行政院副院長、部會首長與政務委員，則皆由行政院長提請總統任命之。總統依法公布法律、發布命令，除少數例外 [1]，皆須經行政院長副署始能生效。簡言之，總統對閣揆有任命權，閣揆對總統有副署權（蘇子喬，2017：103）。

　　就我國行政院與立法院之間的關係而言，行政院掌握我國龐大的行政體系，其轄下的機關部門繁多，國家政策的推動

主要都是透過行政院及其轄下的部門負責。**立法院之立委總額為 113 席,以並立式混合制選出**(本書第三章將詳細介紹),由於我國憲法規定行政院向立法院負責,因此我國行政院與立法院的互動關係頗具內閣制精神。兩者之權力關係可分述如下(蘇子喬,2017:103-104):

1. **行政院的提案權與立法院之法案議決權**:行政院有向立法院提出法律案、預算案、戒嚴案、大赦案、宣戰案、媾和案、條約案及其他重要事項之權;立法院則有議決上述各類法案與國家重要事項之權。

2. **行政院的要求覆議權**:行政院對於立法院決議之法律案、預算案、條約案,如認為窒礙難行時,得經總統之核可,於該決議案送達行政院十日內,移請立法院覆議。覆議時,如經全體立法委員二分之一以上之決議維持原案,行政院長應即接受該決議。

3. **立法院的質詢權與調查權**:立法委員在開會時,有向行政院長及行政院各部會首長質詢之權;行政院則有向立法院提出施政方針及施政報告之責。行政院各部會首長及其所屬公務員於立法院各委員會邀請到會備詢時,有應邀說明的義務。此外,立法院為監督行政部門,可以行使調查權,除了可以調閱相關文件資料之外,亦可經院會決議,要求行政官員陳述證言或表示意見。

4. **立法院的倒閣權**:立法院若對行政院的施政不滿意,得經全體立法委員三分之一以上連署,對行政院長提出不信任

案，亦即俗稱的倒閣案。如經全體立法委員二分之一以上贊成，行政院長應於十日內提出辭職。

就我國總統與立法院之間的關係而言，在我國憲政體制中，總統雖不對立法院負責，但總統與立法院之間存在著相互制衡的制度設計。兩者之間的權力互動可分述如下（蘇子喬，2017：104-105）：

1. **立法院的人事同意權**：我國現行憲法規定，司法、考試、監察三院重要人事（正副院長、大法官、考試委員、監察委員及審計長），由總統提名，須經立法院同意後始能正式任命，另根據法院組織法規定，檢察總長亦由總統提名，經立法院同意後任命。

2. **立法院的彈劾與罷免提案權**：總統之罷免案須由立法院提案，經公民罷免投票通過；總統、副總統之彈劾案則須由立法院提案，由司法院大法官組成憲法法庭審理[2]。

3. **立法院的聽取國情報告權**：立法院於每年集會時，得聽取總統國情報告。

4. **立法院的緊急命令追認權**：總統為避免國家或人民遭遇緊急危難或應付財政經濟上重大變故，得經行政院會議之決議發布緊急命令，但須於發布命令後十日內提交立法院追認，如立法院不同意時，該緊急命令立即失效。

5. **總統的解散立法院之權**：總統於立法院通過對行政院長之不信任案後十日內，經行政院長呈請並諮詢立法院長後，得宣告解散立法院。

　　我國當前憲政體制屬於半總統制固無疑義，但我國的憲政
體制是「哪一種」半總統制？由於半總統制的概念仍有若干模
糊性，有不少論者試圖對「半總統制」這個概念做進一步的次
類型劃分。目前學界關於半總統制各種次類型劃分方式中被引
用最廣的分類方式，當屬 Shugart and Carey（1992: 18-27）以
及 Shugart（2005）對半總統制次類型的區分方式。他們將半
總統制分為「**總理總統制**」（premier-presidentialism）與「**總
統議會制**」（president-parliamentarism），這兩種次類型的差
異在於總統權力的大小以及內閣負責的對象有所不同（參見
表 1-1）。就總統權力大小而言，總理總統制是總統權力較小
的半總統制，總統議會制則是總統權力較大的半總統制。就內
閣負責的對象而言，總理總統制是內閣僅對國會、不須對總統
負責的半總統制，此種半總統制較強調內閣制的制度精神。總
統議會制則是內閣須同時對國會與總統負責的半總統制，此種
半總統制較強調總統制的制度精神。在世界上的半總統制國家
中，法國第五共和、芬蘭、波蘭等國屬於總理總統制，德國威

表 1-1　半總統制的次類型

	總理總統制	總統議會制
總統權力	總統權力較小，對閣揆無免職權	總統權力較大，對閣揆有免職權
內閣的負責對象	國會	總統與國會
制度精神	內閣制的精神較濃厚	總統制的精神較濃厚
案例	法國、芬蘭、波蘭	德國威瑪共和、俄羅斯、我國

瑪共和、俄羅斯屬於總統議會制。一個半總統制國家究竟是屬於總理總統制還是總統議會制，Shugart 與 Carey 認為主要的判斷依據與關鍵制度設計是總統對閣揆是否有免職權。若總統對閣揆擁有免職權，閣揆及其領導的內閣在實際運作上便須對總統負責，總統也因此擁有間接介入內閣施政的權力。由於半總統制下的內閣必須對國會負責，如此一來就形成內閣須同時對國會與總統負責的格局。若總統對閣揆沒有免職權，閣揆及其領導的內閣便不須對總統負責，僅須對國會負責。總之，這兩種半總統制次類型的差異，主要在於內閣負責對象是單一（即國會）或雙重（即國會與總統）的差別（蘇子喬，2013：34-35）。就此觀之，我國憲政體制顯然是總統議會制而非總理總統制。

(二) 日本的憲政體制

　　日本的憲政體制為議會內閣制，國體採君主立憲，天皇為國家象徵，無權參與國政，任何正式行為皆須內閣副署。國會為國家權力的最高機關，分為參、眾兩院，兩院議員皆由人民直接選舉。眾議院議員目前名額為 465 名，以並立式混合制選出，任期四年，但任期並非固定，內閣若提前解散國會，則任期隨之終止。參議院的法定名額為 242 名，其中 146 名由地方選區選出，每個選區的應選名額 1 至 4 名，另外 96 名以全國為選區的政黨名單比例代表制選出。參議員的任期為六年，任期固定，不得被提前解散，每三年改選半數（亦即每三年改選 73 名地方選區議員與 48 席政黨名單比例代表制議員）。眾

日本現任首相安倍晉三。

議院的權力優於參議院，表現在以下制度設計（許介鱗、楊鈞池，2006：82）：

1. 內閣總理大臣（首相）由國會就國會議員中選出，呈請天皇任命，眾議院選出的人選送參議院後，若參議院對眾議院選出的人選有不同意見，經召開兩院協調會議無法達成共識，或是參議院在眾議院選出人選後十日內不做任何決定，即以眾議院之決議為國會之決議。
2. 眾議院通過但遭參議院提出異議的法案，或眾議院通過的法案送交參議院後，但參議院在六十日內未做任何決議，若經眾議院議員三分之二以上之多數再度議決通過，則自動成為法律。
3. 預算案由眾議院先行審議。

4. 關於預算的審議與條約的承認，若參議院與眾議院的決議不一致，且召開兩院協調會議亦無法達成共識時；或參議院在三十日內對眾議院的決議未做任何處理，則眾議院的決議自動成為國會全體的決議。

5. 對內閣的不信任案決議（倒閣權）僅有眾議院可以行使。

　　至於內閣，其由首相與 20 名以內之國務大臣組成，行使行政權，對國會負責。首相由國會就國會議員中提名，呈請天皇任命，通常由眾議院最大黨的黨魁出任。國務大臣由首相任命，其中至少半數的國務大臣必須由國會議員中選任。首相指揮監督各行政部門，可任意罷黜國務大臣，並代表內閣向國會提出議案，就一般國務向國會提出報告。內閣在眾議院通過不信任案或信任案遭到否決時，如十日內不解散眾議院，內閣必須總辭。另一方面，在眾議院任期四年尚未屆滿的情況下，首相亦可隨時擇期解散眾議院提前改選，因此歷年來眾議院很少四年任期屆滿才改選（李國雄，2004：307）。

（三）南韓的憲政體制

　　南韓當前憲法是南韓於 1980 年代民主化之後，於 1987 年制定的第六共和憲法。從第六共和憲法觀之，南韓的憲政體制兼具總統制與內閣制的特徵。**南韓總統由公民直選，以相對多數制選舉產生，任期五年，不得連任**。總統既是國家元首，也是最高行政首長。總統擁有的職權包括對國家機關的人事任命權（包括國務總理、部會首長、大法官、監察院長等人事）、行政與政策最高領導權（透過國務會議主導內政、國防、外交

南韓的總統府 —— 青瓦台。

與兩韓政策的制定與執行）、軍事統帥權、緊急狀態的特別權力（採取緊急措施、宣布戒嚴）、對國會的法律提案權、對國會通過之法律的否決權（即要求覆議權）、修憲提案權、提交公民複決權等（蘇子喬，2017：82-83）。

　　南韓國會（正式名稱為國民會議）採一院制，現行制度下總名額為 300 名，任期四年，以並立式混合制選舉產生。國會的職權包括立法權、預算審議權、調查權、彈劾權[3]、對總統提名人事（包括國務總理、大法官、監察院長等）的同意權、對國務總理與部會首長之人事免職建議權（即倒閣建議權）等。

　　從上述制度看來，在南韓憲政體制中，掌握行政權的總統與掌握立法權的國會制各有民主正當性，彼此相互制衡，因此總統制的色彩是非常鮮明的。但南韓憲政體制仍有若干內閣

制的特徵：首先，在總統之外，還有國務總理的設計，總理由總統提名，經國會同意後任命之；其次，總理與閣員必須至國會院會或委員會作施政報告，並接受國會議員的質詢；第三，國會經三分之一提出、過半數議決，得建議總統將總理或內閣閣員免職；第四，總統頒布法律與命令須經總理和相關閣員副署。以上有關總理職位的設計、質詢制度、倒閣建議權的制度、副署制度等憲法規定，呈現出若干內閣制的精神（蘇子喬，2017：83）。

　　南韓這種兼具總統制與內閣制精神的憲政體制，絕大多數論者將其定位為總統制，但也有部分論者將其定位為半總統制[4]。究竟南韓憲政體制應如何歸類？事實上，半總統制兩項有別於總統制的核心特徵，首先，半總統制具有行政權二元化的現象，總統與內閣總理皆有行政權，而不像在總統制中，行政權乃是一元化的。總統制下的總統身為最高行政首長，統領整個行政部門，行政部門的各部會首長皆是總統的下屬，承總統的意志行事。反觀半總統制中，不論總統或總理何者權力較大，或不論總理在實際運作上是否聽命於總統，半總統制下的總統與總理各有不相隸屬的特定憲法權力。其次，半總統制中儘管總統與國會皆由人民選舉產生，總統不須對國會負責，但總理所領導的內閣仍須對國會負責，亦即仍具行政向立法負責的精神。反觀總統制中，總統所代表的行政權與國會所代表的立法權彼此分立制衡，沒有行政向立法負責的精神存在（蘇子喬，2017：85-86）。

　　就此看來，南韓的憲政體制並不具備上述半總統制的兩

項核心特徵。首先，雖然南韓憲政體制中除總統之外尚有國務總理，但南韓憲法第 66 條明文規定，「行政權屬於總統為首之政府所有」，並未呈現行政權二元化的現象。總理輔佐總統，承總統之命統領管轄各行政部門。由總統、總理與國務委員共同組成的國務會議，負責議決所有行政事務。國務會議由總統擔任主席，總理擔任副主席。在主從關係上，總理由總統任免（總統任命總理須經國會同意，將總理免職則無須國會同意），是完全聽從總統指揮的幕僚長。或有論者認為總理的副署權仍具有牽制總統的功能，但由於總統對總理擁有免職權，假若總理欲以副署權對抗總統，總統即可將其免職，因此總理的副署權在南韓憲政體制中僅具有總理確認獲悉總統舉措的意義，而不存在任何牽制總統權力的作用（蘇子喬，2017：86）。

其次，南韓總理為首的內閣並不真正對國會負責，這是因為南韓國會對於內閣並無倒閣權。南韓國會固然有倒閣建議權，但「倒閣建議權」並不等於「倒閣權」。在南韓憲法中，國會即使決議通過對總統提出倒閣建議，總統仍可拒絕國會的建議，總理與行政官員的去留完全由總統決定，國會的倒閣建議權對總統並無法定拘束力。就此看來，南韓憲政體制儘管帶有若干混合制的色彩，但在憲政體制類型的歸類上實屬總統制無疑。

值得一提的是，南韓國會對總統任命的總理人選雖然有人事同意權，且總統與國會多數不一致的情況經常發生，但憲政運作上從未發生總理人選究竟應由總統自己陣營人士或是國會

多數陣營人士出任的爭議。很清楚地，南韓總理的任命乃是遵循總統制的運作邏輯，組閣權明確屬於總統而非國會，總理係由總統任命自己陣營人士出任。即使國會多數與總統不一致，國會也從未挾總理的人事同意權脅迫總統任命國會多數陣營的人士擔任總理。此一特色如同美國的總統制，總統任命部會首長須經參議院同意，即使在總統與參議院多數不一致的「分立政府」情況下，參議院也極少拒絕同意總統擬任命的部會首長。這是因為在總統制的憲政體制下，行政官員乃是在總統的指揮下執行職務，而對總統負責，他們的權力基礎完全在於總統的信任，而不是來自另一個民意機關（國會）的信任。總統制下國會對行政官員行使人事同意權，並不在彰顯行政部門須獲得國會多數的信任，而是彰顯總統制分權體制下國會對行政部門的制衡精神。因此，國會必須尊重總統的民意基礎，尊重總統的人事權；國會對行政官員同意程序的制衡功能，通常是對其操守與專業能力的檢驗，而不會以黨派立場任意杯葛。南韓的憲政體制正是遵循這樣的總統制運作邏輯，因此儘管南韓國會與總統經常發生衝突，但國會鮮少拒絕同意總統提名的總理人選。即使國會在少數情況下曾拒絕同意總統提名的總理人選，也絕非意味國會欲以人事同意權為武器而與總統爭奪組閣權。在南韓的現行體制下，從未有任何一位總統因為國會控制在反對黨手中，因而任命反對黨人士為總理的事例發生（蘇子喬，2017：126-127）。[5]

　　關於上述台灣、日本與南韓憲政體制的簡介，可用表 1-2 呈現三個國家憲政體制內涵的差異。

表 1-2　台、日、韓憲政體制的比較

項目	日本	南韓	台灣
憲政體制類型	內閣制	總統制	半總統制（總統議會制）
國家元首	君主（天皇）	總統	總統
國家元首產生方式與任期	世襲，終身職	以相對多數決制直選產生，任期五年，不得連任	以相對多數決制直選產生，任期四年，連選得連任一次
最高行政首長	內閣總理大臣（首相）	總統	憲法規定為行政院長（閣揆），實際運作上為總統
內閣總理產生方式	國會選舉產生	總統提名，經國會同意後任命	總統直接任命
內閣負責對象	內閣對國會負責	內閣對總統負責	內閣對國會與總統負責
國會制度	兩院制（參議院與眾議院），眾議院權力較大	一院制（國民會議）	一院制（立法院）
國會議員產生方式與任期	參議院：地方選區與政黨名單比例表制的混合制，任期六年 眾議院：並立式混合制，任期四年	並立式混合制，任期四年	並立式混合制，任期四年
解散國會制度	首相得隨時解散眾議院重新選舉	無解散國會制度	總統於國會倒閣後得解散國會重新選舉

參、台、日、韓相似的國會選制

　　台灣、日本與南韓當前的國會選舉制度都是並立式混合制，但這三個國家採行的並立式混合制在選制內涵仍有不少差異，以下分別說明這三國的國會選舉制度。

(一) 台灣的國會選舉制度

　　我國立委選舉制度於 2005 年第七次修憲時，由原先以單記非讓渡投票制為主的選制改為並立式混合制，並於 2008 年第七屆立法委員選舉首次實施，目前已實施三次（2008 年、2012 年、2016 年）。根據憲法增修條文第 4 條第 1 項規定，我國立法委員任期四年，總席次 113 席，其中 73 席為區域立委，6 席為原住民立委（平地原住民立委與山地原住民立委各 3 名），34 席為全國不分區立委。選民在選舉時可投兩票，就一般選民而言，其中一票（候選人票）選舉區域立委，另一票（政黨票）則選舉全國不分區立委。就原住民選民（又分平地與山地原住民選民）而言，其投票方式與一般選民略有差異，其中一票（候選人票）選舉原住民立委，另一票（政黨票）則選舉全國不分區立委。

　　我國不同種類立委的選舉方式各有不同，就區域立委而言，係以單一選區相對多數決制選出，亦即全國分為 73 個選區，每個選區應選席次一席，由得票最高的區域立委候選人當選，每縣市至少選出一席。

　　就全國不分區立委而言，則以政黨名單比例代表制選出，

我國的立法院。

由各政黨於選舉時提出一個排有順序的候選人名單，選民的投
票對象是政黨而非候選人。各政黨根據政黨名單比例代表制部
分所獲得的得票率，以嘿爾基數（Hare Quota）[6] 為準的最大
餘數法（largest remainder system）[7] 來計算其可獲得席次，並
依政黨名單中的先後順序決定當選者，此部分並設有 5% 的政
黨門檻，亦即政黨在政黨名單比例代表制部分的全國得票率須
獲 5% 以上，始有資格分配政黨名單比例代表制部分的席次。
全國不分區立委亦有規定婦女保障名額，即各政黨當選名單
中，婦女不得低於二分之一。

　　就原住民立委而言，則仍以單記非讓渡投票制選出，以全
國為選區，平地原住民與山地原住民立委應選名額各 3 席，由
得票最高的前 3 名平地原住民立委候選人與山地原住民立委候
選人當選。整體而言，由於採行單一選區相對多數決制的 73

席區域立委占總額 113 席的比例為 64.6%，幾乎占了三分之二的比例，故我國立委選舉制度為單一選區為主的並立式混合制。

(二) 日本的國會選舉制度

日本眾議院（國會下議院）[8] 選舉原本採行單記非讓渡投票制，1994 年國會通過政治改革四法（公職選舉法修正案、眾議院議員選舉區劃分審議會設置法、政治資金規正法修正案、政黨助成法），將眾議院選舉改為並立式混合制。選民可投兩票，一票選舉區域代表，以單一選區相對多數決制選出（第一票）；另一票選舉政黨代表，以政黨名單比例代表制選出（第二票）。這種選制於 1996 年首度實施，至目前為止，已有八屆眾議院議員（1996 年、2000 年、2003 年、2005 年、2009 年、2012 年、2014 年、2017 年）以此種選制選出。

日本國會大廈。

　　日本眾議院選舉採行並立式混合制至今，眾議員應選總額以及區域代表與政黨代表的應選總額曾有多次變動。在 1996 年首度實施新選制的眾議院選舉中，眾議員總席次為 500 名，其中 300 席區域代表以單一選區相對多數決制選出，另外 200 席政黨代表以政黨名單比例代表制選出。之後眾議院應選名額歷經數次調整，在最近一次（2017 年）眾議院選舉中，總席次為 465 名，其中 289 席區域代表以單一選區相對多數決制選出（占總名額比例為 62.2%），另外 176 席政黨代表以政黨名單比例代表制選出（占總名額比例為 37.8%）。整體看來，在眾議院應選名額的歷次調整中，區域代表占總員額的比例皆超過總額半數，故日本眾議院的選舉制度為單一選區為主的並立式混合制。

　　值得注意的是，日本眾議員以政黨名單比例代表制選出的政黨代表部分，並非以全國為一選區，而是分為 11 個比例代表制選區，各政黨依其在各選區的第二票得票比例，以頓特最高平均數法（d'Hondt highest average system）[9] 分配各選區的當選席次。在選舉門檻方面，日本選舉制度中的比例代表制部分並未規定「當選門檻」，但有規定「參選門檻」（本書第三章將詳述）。跨過參選門檻的政黨，不論得票高低，皆能根據其所獲得的第二票得票率分配政黨名單比例代表制部分的席次。

　　此外，日本眾議院選舉允許政黨將其所提名的區域選區候選人同時列為政黨名單比例代表制的候選人。特別的是，日本眾議院選舉制度還允許將雙重候選的參選人列為政黨名單中的

同一順位，而有特殊的「惜敗率」制度（本書第三章將詳述）。若政黨在比例代表選區所能獲得的席次足夠達到該順位，列為相同順位的候選人，如果未能在單一選區中獲勝，則將由同一順位之候選人中「惜敗率」（first loser margin）（各候選人在單一選區中獲得的票數，除以該選區當選者的票數）最大者「起死回生」當選。

(三) 南韓的國會選舉制度

　　南韓在民主化之前國會選舉採行單記非讓渡投票制。1987年南韓制定第六共和憲法，在這部象徵南韓民主化重要里程碑的憲法中，規定「國會議員之人數在二百名以上，以法律定之；國會議員之選舉區、比例代表制及其他有關事項以法律定之。」（第 41 條）。自此，南韓國會選舉制度自 1988 年起採行混合制，部分國會議員以單一選區相對多數決制選出，部分國會議員以政黨名單比例代表制選出。由於南韓國會議員每四年定期改選，故自 1988 年首度採行混合制以來，目前已舉辦了八次選舉（1988 年、1992 年、1996 年、2000 年、2004 年、2008 年、2012 年、2016 年）。

　　南韓國會選舉制度採行混合制以來，選舉制度的內涵透過國會選舉法的不斷修正，已歷經多次調整。國會議員總額、單一選區與比例代表名額的應選名額、選票結構（ballot structure）、選舉門檻（electoral threshold）等方面都有變動。在國會議員總額方面，1988 年、1992 年、1996 年選出的國會議員總額為 299 席，2000 年選出的國會議員總額降為 273 席，

南韓的國會議事堂。

2004 年與 2008 年選出的國會議員總額又改回 299 席，2012 年與 2016 年選出的國會議員總額則為 300 席。

　　在單一選區與政黨比例代表名額的應選名額方面，每屆國會議員也各有不同。以最近一次的 2016 年國會選舉為例，在應選總額為 300 席的國會選舉中，單一選區的應選名額為 253 席（占總名額比例為 84.3%），政黨名單比例代表制的應選名額為 47 席（占總名額比例為 15.7%）。整體看來，南韓國會議員絕大多數的名額是以單一選區相對多數決制選出，每屆國會中單一選區相對多數決制應選名額占總名額的比例雖然略有浮動，但幾乎都在八成以上，故南韓國會選舉制度為單一選區為主的並立式混合制。

　　在選票結構與選舉門檻方面，南韓 1988 年、1992 年、1996 年、2000 年、2004 年的國會選舉採取一票制而非兩票

制，選民僅有一票投給區域國會議員候選人，以單一選區相對多數決制選出，各政黨在區域選舉部分的選舉結果會連帶決定各黨在政黨名單比例代表制部分可分得的席次。值得注意的是，各政黨分配政黨名單比例代表制部分席次的規則頗為特別。當時南韓的國會選舉法規定，在區域選舉部分獲得最多席次的第一大黨若未獲得區域選舉總額二分之一的席次，可先獲得政黨名單比例代表制總額的二分之一席次，其他政黨再依其區域選舉所獲席次比例（而非得票比例）分配剩下的二分之一席次，且僅有在區域選舉中獲得 5 席以上的政黨才有資格分配席次（Hong, 2010; Jun and Hix, 2010）。

直到 2008 年，國會選舉始採行兩票制，選民在一次選舉中可投兩票，一票投給區域候選人（第一票），另一票投給政黨（第二票）。第一票以獲得該選區最高票的候選人當選（單一選區相對多數決制），第二票採政黨名單比例代表制，以全國為一個選區，依政黨在第二票部分獲得的選票比例，以嘿爾基數為準的最大餘數法分配各黨所獲席次。政黨必須在第二票部分獲得 3% 以上選票，或是在區域代表部分獲得 5 席以上，才有資格分配政黨名單比例代表席次。

南韓到 2008 年國會選舉為止，區域選舉候選人與政黨比例代表制的候選人不得雙重列名，不過在 2012 年之後的國會選舉改為允許區域與政黨比例代表候選人在兩邊重複提名。

以上關於台灣、日本與南韓國會選舉制度的簡介，可以表 1-3 呈現三個國家選舉制度的異同處。

本章僅對台、日、韓憲政體制與選舉制度的制度規範略述

梗概，關於這三個國家憲政體制與選舉制度實際運作的細節，本書將在接下來的第二章與第三章分別介紹。

表1-3　台、日、韓國會選舉制度的異同

項目	日本	南韓	台灣
選票結構	並立式兩票制	原為一票制，後改為並立式兩票制	並立式兩票制
總席次	最初為 500 席（1996 年），後改為 480 席（2000 年）與 475 席（2014 年），最近改為 465 席（2017 年）	通常為 299 席，其中一度改為 273 席（2000 年），目前為 300 席（2012 年修正）	113 席
席次比例（單一選區：比例代表）	300：200（1996 年）⟶ 300：180（2000 年）⟶ 295：180（2014 年）⟶ 289：176（2017 年）	224：75（1988 年）⟶ 237：62（1992 年）⟶ 253：46（1996 年）⟶ 227：46（2000 年）⟶ 243：56（2004 年）⟶ 245：54（2008 年）⟶ 246：54（2012 年）⟶ 253：47（2016 年）	73：34
比例代表選區	11	1（全國不分區）	1（全國不分區）
比例代表制的選舉門檻	參選門檻：1. 5 席國會議員 2. 前次選舉獲得 2% 的全國得票率 3. 在比例代表選區提名 20% 的應選名額	當選門檻：1. 3% 政黨名單得票率 2. 5 席單一選	當選門檻：5% 的政黨名單得票率
比例代表席次計算方式	頓特最高平均數法	嘿爾基數為準的最大餘數法	嘿爾基數為準的最大餘數法
雙重候選制	有	無→有（2012 年）	無
選舉制度的法源	法律（公職選舉法）	法律（公職選舉法）	憲法增修條文

表 1-3　台、日、韓國會選舉制度的異同（續）

項目	日本	南韓	台灣
特殊制度	惜敗率的制度	一票制，並以政黨所獲區域席次比例分配政黨名單比例代表名額（2008 年之前）	1. 全國不分區的 1/2 婦女保障名額 2. 以 SNTV 選出的平地與山地原住民立委
實施次數	8 次 （1996、2000、2003、2005、2009、2012、2014、2017）	8 次 （1988、1992、1996、2000、2004、2008、2012、2016）	3 次 （2008、2012、2016）

註解

1. 依我國憲法增修條文第 2 條第 2 項規定，總統發布的命令僅有以下三種例外不須經行政院長副署：一是總統對行政院長的任免命令，二是經立法院同意任命人員的任免命令，三是解散立法院的命令。

2. 彈劾與罷免的性質不同。儘管彈劾與罷免總統的最終效果都是使總統去職，但彈劾是為了追究總統的法律責任，因此只有在總統發生違法情事時始能彈劾；罷免則是為了追究總統的政治責任，因此總統施政失當即能罷免。依我國現行憲法規定，總統之彈劾須由全體立法委員二分之一以上之提議，全體立法委員三分之二以上之決議後提出彈劾案；由司法院大法官組成之憲法法庭審理決定。總統之罷免則須由全體立法委員四分之一之提議，全體立法委員三分之二之同意後提出罷免案；經公民總額過半數之投票，有效票過半數同意罷免時，即為通過。

3. 根據南韓現行憲法規定，國會彈劾總統須經國會議員過半數提案，三分之二以上之贊成通過。國會一旦通過彈劾案，總統即暫停職務，彈劾案送交憲法法院於六個月內做出裁決，決定總統是否正式解職。

4. 例如 Elgie（1999）、李佩珊（2005）、陳宏銘、蔡榮祥（2008）、Zhang（2008）、Tsai（2009）、沈有忠（2012），皆將南韓憲政體制定位為半總統制。

5. 2016 年 11 月，朴槿惠總統為了平息閨蜜崔順實不當干政的政治醜聞，提名在野黨人士金秉准為新任總理人選，擬送國會同意，並表示國會若另外提出總理建議人選，願意撤回提名，任命國會推薦的人選擔任總理，並釋放權力讓新總理掌管內閣。但國會批評此項提議不符南韓憲政體制精神，並不接受朴槿惠的此一舉措，此項任命案最後無疾而終。

6. 嘿爾基數＝選舉的有效票總數÷選區應選名額。

7. 其計算方式為：（各政黨的有效選票÷選區有效選票總數）×選區應選名額。此計算方式又稱「尼邁耶」（Niemeyer）最大餘數法，或稱「嘿爾—尼邁耶」（Hare/Niemeyer）最大餘數法。關於此計算方法的詳細介紹，參見王業立（2016：19-24）。

8. 相較於南韓與我國國會為一院制，日本國會採行兩院制。國會分為參議院與眾議院，但眾議院相較於參議院擁有較高的地位，亦即具有「眾議院優越主義」的特色。本章所指的日本國會皆是以眾議院為焦點。

9. 其計算方式為：凡是得票超過當選基數的政黨，可先分得1席，如果還有議席尚未分配完畢，則凡是已當選1席的政黨，將其總票數除以2後，再比較各政黨的商數，以分配剩餘的席次；如果還有議席尚未分配完畢，則凡是已當選2席的政黨，將其總票數除以3後，再比較各政黨的商數，以分配剩餘的席次。餘此類推，凡是已分配到席次的政黨，必須將其總票數除以已分配到的席次數加一，除完以後，比較各政黨的商數，再來分配剩餘的席次，如此繼續進行，直到所有議席分配完畢為止。關於頓特最高平均數法的詳細介紹，參見王業立（2016：24-26）。

第二章

台、日、韓憲政體制的運作

　　民主制度是希望由人民來決定國家的政策，不過實際上整個國家的運作並非由全部由人民直接制定和執行，而是人民作為委託者授權給政府，由政府來制定政策增加人民的利益，所以政府是人民的代理人。憲政體制就是規範人民、政府和國會之間的關係，讓政治運作有所依循，一個國家的行政、立法機關之間的互動過程受到憲政體制的影響，所以從憲政體制的角度來觀察政治運作，觀察重點在憲政體制對於行政、立法機關成員的產生方式，以及這兩個機關所擁有的權力。

　　世界上每個民主國家的政治運作都有一套憲政制度或規範，儘管各國的憲政制度或規範並不完全相同，學界比較憲政運作後，還是可以依照當中的特性，把憲政體制歸納為內閣制、總統制和半總統制等三種類型。學界在探討憲政體制的過程中，除了關心目前的憲政體制運作外，還會探討憲政體制形成的原因，因為世界各國實施的憲政體制並非一夕而成，而是長時間發展的結果。前一代的制度可能影響到後來的制度發展，原因是制度的轉換過程需要成本，在行為者想要縮減轉換成本的假設之下，舊的制度會影響新制度的發展方向。[1] 另外，制度轉換的過程也有一些隨機因素，導致新的制度往特定的方向發展（Pierson, 2004）。吳玉山（2011）把制度產生以及影響過程分為上、中、下游，上游表示制度的選擇，中游表示制度的運作，下游表示制度表現。

　　在上游的部分，憲政體制的發展非突然形成，也不完全是隨機的選擇，而是受到先前制度的影響。以本書分析的三個國家為例，三個國家在進入現在的憲政體制之前，已經有一個

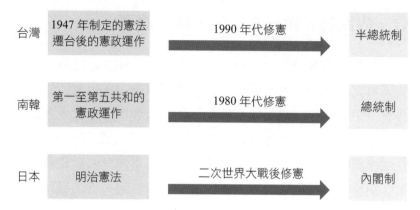

圖 2-1　台、日、韓進入當前憲政體制前的狀態

制度的雛形，經過修憲後，形成現在的憲政體制。圖 2-1 說明三個國家進入現在憲政體制的狀態，後面各章節有更詳細的說明。

　　在中游的部分，是制度的運作，後面的章節還會有詳細說明。在下游的部分，本書選擇的三個國家在進入民主政體後，即使民主政治的運作無法使每個國民感到滿意，不過三個國家尚未出現民主崩解，制度也沒有再轉換為其他制度。因此，以本書的分析範圍來看，上游、中游是三個國家需要比較的部分，而下游則著重於制度的影響層面。本章將從比較政治制度的觀點來介紹我國、日本、南韓的憲政體制和政治運作，第一節先介紹世界上常被民主國家採用的的三種憲政體制以及其特性，後續再說明我國、日本、南韓的憲政體制、發展過程以及與其他同類型國家的比較。

壹、內閣制、總統制、半總統制的運作

　　世界各國在憲政運作上皆有行政機關和立法機關，行政機關負責制定和政策的執行，立法機關代表人民負責監督行政機關。由於行政機關可以直接制定和執行政策，所以大多數的政黨和從政人士皆想獲得行政職務，讓自己的想法付諸實行。立法機關雖然無法直接制定和執行政策，但部分的政策和預算案必須獲得立法機關的同意才能施行，所以沒有立法機關的支持，位於行政機關政黨或從政人士，也不一定能施行本身想要推動的政策。

　　經由行政和立法在憲政運作上的分工，可以得知兩種機關的重要性。學界在研究憲政運作，最關心的是哪一個職務負責主導行政權力。內閣制、總統制和半總統制的行政權力重心可能位於不同的行政機關或職務。在判斷行政權力中心的過程，可以從兩個因素來判斷權力中心的位置，分別是憲法規範以及各政黨在國會的席次分布情況。在憲法規範的判斷方式上，憲法當中可能已經規範了行政權力中心位於某機關，或是賦予某個職務負責領導行政權力，此時就可以先認定某個職務具有行政權力，以及判斷職務的權力大小。例如日本的憲法第 65 條賦予內閣掌握行政權力，第 66 條又規定首相負責領導內閣，所以就可以藉由日本的憲法來判斷行政權力中心在首相職務。另外，因為修憲的門檻較高，憲法不常出現變動，以日本為例，其憲法自二次世界大戰後，便未曾出現變動，所以由制度來判斷行政權力中心比較穩定不易隨著時間變化。

　　除了憲政體制外，**國會的政黨組成情況也是判斷行政機關的政策能否順利運作的依據**。國會由多個議員所組成，當中通常包含兩個以上的政黨，所以無法把國會視為一個單一的個體，國會的組成情況是指國會的政黨體系，或是執政黨或執政聯盟的席次比例。國會的政黨體系愈集中，表示執政勢力或反對勢力愈容易整合，執政黨或執政聯盟的比例愈高，表示行政機關在執行政策的過程愈不容易遭遇阻攔。國會政黨組成的變異程度較大，因為每次國會選舉後，政黨在國會的席次可能出現變化，連帶的影響行政和立法之間的整合。以內閣制來看，國會的組成情況可能影響組閣的過程以及內閣的存續時間；以總統制來看，國會的組成影響到的是分立政府是否出現。

　　內閣制、總統制和半總統制的憲法規範並不相同，由於半總統制的運作較另外兩種憲政體制更加複雜，所以先說明內閣制和總統制的運作，圖 2-2 是內閣制和總統制的政治運作示意圖。

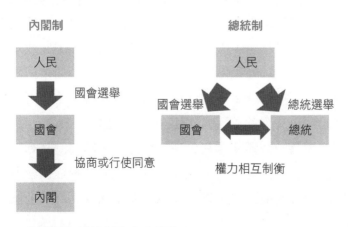

圖 2-2　內閣制和總統制的憲政運作

　　由圖 2-2 可知，內閣制的運作當中，總理是行政首長，人民透過國會選舉選出國會議員，國會議員再透過協商或選舉產生總理和內閣成員。所以內閣制的行政權的形成過程當中，必須先選出國會議員後，才能開始進行組閣的過程，人民無法直接決定總理或閣員的人選。[2] 內閣成員上任後，平時的施政向國會負責，如果國會對於內閣的施政情況感到不滿，國會有權力提出倒閣，迫使內閣下台。因此，內閣制國家的內閣存續時間取決於國會。綜合上面的敘述，可以歸納出內閣制國家的憲政制度特性：

1. 人民無法透過直接投票選出內閣成員，只能透過選舉選出國會議員。
2. 內閣成員的任命過程必須經由國會協商或行使同意權。
3. 國會擁有倒閣權。

　　內閣制的優點首先是行政與立法結合，由於內閣需要國會多數的支持才能繼續在任，內閣推動政務比較容易獲得國會的支持；第二個優點是內閣制擁有一個解決行政、立法之間衝突的機制，如果超過半數以上的國會議員對於內閣施政感到不滿，國會議員可以發動倒閣，重新組閣，另外，如果總理想要測試內閣能否獲得國會多數議員或人民的支持，總理可以提出信任案投票或是解散國會；第三個優點是權力分享，Lijphart（2004）認為一個國家處在分裂社會之下，內閣制有利於憲政運作，因為分裂社會容易出現多黨制，組閣的過程也容易出現聯合內閣，行政權力不會集中在某一個政黨或族群，多個政黨

和族群可以共同參與決策。

　　儘管內閣制有解決僵局和權力分享機制，這些也可能成為內閣制的缺點。第一種情況是國會選舉結束後，各黨派之間無法獲得共識，就會增加組閣的時間；第二種情況是內閣無法得到國會多數的支持，可能遭遇倒閣或國會提前選舉。這兩種情況皆會造成行政首長被更換，降低行政運作的效率。此外，獲得內閣制的行政權力必須先獲得國會多數的支持，在西敏寺模式（Westminister System）的運作之下，[3] 首相為國會多數黨和內閣的領導者，此時首相可以同時掌握內閣和國會，使憲政運作缺乏立法機關對於行政機關的制衡機制（Mainwaring and Shugart, 1997: 453）。

　　總統制的憲政制度運作當中，總統是國家元首和行政首長，且人民可以透過直接選舉選出總統，總統有固定的任期，同時也是行政權的領導者。另外，人民還可以透過國會選舉選出國會議員，國會負責立法權。在平時的運作中，國會負責監督總統的施政，總統也可以否決國會通過的決議，兩者之間互相制衡。雖然總統制的行政權和立法權互相制衡，兩者之間的任期卻是彼此獨立，總統無法解散國會，國會也無法直接發動倒閣迫使總統下台。Linz（1994: 6）認為總統制國家有兩個條件：

1. 總統掌握行政權，由人民直選或選舉人團選舉產生，選舉人團針對總統選舉而設立。國會也是由人民直選產生。
2. 總統和國會皆有固定任期，兩者之間的任期獨立。

　　Linz 提出的總統制定義，背後的意涵是總統和國會皆有民意的正當性，兩者皆是人民直選產生，憲政運作出現雙元正當性，且雙方的任期獨立。因此，按照 Linz 的定義，雖然有些國家同時擁有總統和總理，但總統由國會議員投票產生，[4]總統的權力正當性來自於國會，這些國家不屬於總統制，而是內閣制。總統制的優點是行政較有效率，因為總統有固定的任期，行政首長不易被更換，即便總統的施政方向不為國會多數議員所喜歡，總統仍然可以做完剩下的任期。雙元正當性以及任期固定也是 Linz 批評總統制的原因，因為行政和立法之間的衝突沒有解套的機制，必須要等到下一次的總統選舉或國會選舉才有可能解決。[5]

　　總統制對於民主還是有正面的影響，Mainwaring 和 Shugart 認為總統制的運作機制才能做到制衡，因為總統和內閣分別經由人民直選，且人民直接選出行政首長，有較為明確的課責機制。相較之下，內閣制國家的人民，無法直接決定行政首長的人選，無法直接做到課責（Mainwaring and Shugart, 1997）。

　　上述列出了內閣制、總統制的定義和優缺點，除了說明制度本身的問題之外，皆有提及國會的因素。蘇子喬（2010）觀察學界針對憲政體制優劣的評論後，發現憲政運作的優劣並非只有制度上的問題，與國會的政黨組成也有關聯，如果總統制國家出現總統無法掌握國會多數的分立政府、內閣制國家出現少數政府或聯合政府，就容易出現政治不穩定，國會的組成又受到選舉制度的影響，所以在探討憲政體制的優劣的同時，也

不能忽略國會選舉制度。[6]

　　接著再說明半總統制的定義，相較於總統制和內閣制有比較明確的界線，部分學者認為半總統制與前兩種制度沒有明確的界線，間接質疑半總統制的存在。半總統制最早的定義由 Duverger 提出，Duverger（1980）歸納半總統制的憲政運作應具有三個特性：1. 總統由人民直選產生；2. 總統有相當的權力；3. 存在一個相對於總統的總理，且總理必須獲得國會支持才能在任。後續的相關研究認為當中的第二個條件太過於抽象，在判斷總統權力大小的過程中，有很多爭議，最後導致學界無法明確的界定半總統制的範圍。所以 Elgie（2005）重新定義了半總統制，把第二個條件刪除，所以半總統制國家擁有兩個特性：

1. 民選的總統。
2. 存在一個相對於總統的總理，且總理的在任必須獲得國會多數的支持。

　　依照半總統制的定義，首先半總統制的國家元首必須經由民選產生，部分的民主國家可能同時擁有總統和總理，但總統的產生方式不是由人民直選，例如德國和義大利的總統是由國會議員投票而產生，所以這些國家不屬於半總統制的範圍。另外，第二個定義提及總理或內閣必須獲得國會多數的支持，才能繼續在任，這部分指涉的是國會迫使內閣成員下台的權力，而非國會同意內閣成員上任的權力。這表示如果國會不支持總理或內閣，國會可以發動倒閣迫使總理下台，所以**半總統制的**

憲政體制允許國會擁有倒閣的權力。在這個定義下，南韓雖然同時擁有民選的總統和總理，但南韓的國會沒有倒閣的權力，所以南韓不屬於半總統制國家。[7] 另外，總統權力不是判斷一個國家是否為半總統制的標準。其憲政運作的示意圖如圖 2-3。

　　圖 2-3 當中，半總統制的內閣和總統之間的關係是不一定向總統負責，總統也不一定能指揮內閣，必須視總統的權力而定。如果總統的權力較大，內閣就要向總統負責，同時也必須向國會負責；反之，總統的權力較小，內閣只需要向國會負責。

　　即便半總統制已經有較為明確的定義，研究者可以藉由憲法條文來判斷一個國家是否在半總統制的範圍內，半總統制的運作仍有一個關鍵的問題：哪一個人負責領導行政權力？半總統制的定義並未提及總理是否需要向總統負責，半總統制同時擁有總統制和內閣制的特性，包含民選的總統、向國會負責的總理和內閣。如果總理需要向總統負責，總統可能負責領導行

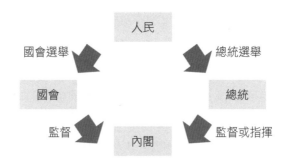

圖 2-3　半總統制的憲政運作

政權力；如果總理不需要向總統負責，實際負責領導行政權力的人便是總理。

　　這個問題不只牽涉到半總統制的運作外，還直接挑戰半總統制的存在，原因在於如果由行政權的領導者為總統，則實際運作如同總統制；如果行政權由總理來領導，實際的運作便無異於內閣制。這樣的情況下，是否還需要在內閣制、總統制之外創造一個新的類型？針對這個問題，Elgie（2005）的回應是半總統制的內部的確存在著差異，但內閣制、總統制的實際運作也不盡相同，不能因為內部運作有差異而否定半總統制的存在。總而言之，區別半總統制與其他兩種制度的方法，主要是從憲法的規範來判斷，如果一個國家符合前述的兩個半總統制定義，便可以視為半總統制國家。至於實際的憲政運作過程，包含總統是否有單獨任命總理的權力，或是總理是否需要向總統負責等因素，並不是判斷半總統制的標準。

　　Elgie 認為半總統制存在的論點並不牽強，事實上，即使某一群國家被歸類在內閣制或總統制之下，國家之間的憲政運作仍然有差異。以內閣制國家來說，英國被視為典型的內閣制國家，英國內閣成員以及首相皆是由國會議員兼任，國會選舉結束後便可得知首相人選，且首相通常是國會多數黨的黨魁。所以英國首相可以同時掌握行政權和立法權，實際權力可能超越過總統制國家的總統（Duverger, 1986）。但多數的內閣制國家在國會選舉後，時常出現沒有一個政黨取得過半數的席次，必須藉由政黨之間的合作才能取得過半數的支持，所以在國會選舉後無法馬上得知總理的人選，甚至無法得知參與組閣

的政黨。執政後，聯合內閣也可能因為某個政黨的退出而瓦解。另外，有些內閣制國家並不允許國會議員兼任官員，[8] 行政權和立法權的結合程度不如英國。

以總統制來說，美國是典型的總統制國家，但其他總統制國家的總統選舉制度、總統權力或任期不一定與美國相同，例如美國的總統選舉採用較少國家使用的選舉人團制，[9] 其他總統制國家的總統選舉則是採用相對多數決或是二輪投票制，政黨或是總統候選人必須採用不同的策略來面對不同的選舉制度。在總統的任期方面，民主國家皆對於總統的任期和連任次數做出限制，例如美國總統可以連任一次，但部分的總統制國家如墨西哥和巴拿馬，以及本書的分析案例之一的南韓，皆不允許現任總統再次參與總統選舉，總統能否連任可能影響總統推動政策。

面對半總統制國家之間運作差異的問題，研究者如果想要嘗試比較兩個國家的憲政運作，可以在半總統制內部建立不同的次類型，這樣可以更清楚的呈現不同制度的運作模式，以及國家憲政體制的異同，再繼續進行比較。建立次類型的依據，主要是根據總統權力、總理權力，以及國會組成情況。採用總統權力或總理權力的原因，是這兩個職位是行政權力的領導者，憲法賦予他們權力的大小代表行政權力的強弱。國會組成情況的重要性，最直接的原因是內閣繼續在任需要國會的同意，且政務能否順利推動有賴於立法權能否配合行政權的需求。學界研究半總統制運作的過程中，已嘗試使用不同的方法來建立次類型 [10]，以下以吳玉山（Wu）建立的次類型為例做

說明。

　　吳玉山（2011）觀察世界上半總統制國家的運作後，以總統對於內閣的任命權做為標準，把半總統制國家分為四個次類型，這四個次類型當中，總統對於內閣閣員的任命權力由小至大分別是：**準內閣**（quasi-parliamentarism）、**換軌共治**（alternation/cohabitation）、**分權妥協**（compromise）、**總統優越**（presidential supremacy）。以下是四個次類型的運作過程：

1. 準內閣制的總統為虛位元首，無論總統能否掌握國會多數，組閣的過程由國會主導，總理是行政權的領導者，這類型的國家包含冰島、奧地利。

2. 換軌共治表示行政權的領導者隨著國會多數而改變，如果總統掌握國會多數，總統可以決定總理人選，同時也是行政權的領導者，但總統無法掌握國會多數而是由總理掌握國會多數的情況下，總統任命國會多數黨的成員為總理，行政權由總理負責領導，這類型的代表國家為法國。

3. 分權妥協是總統掌握國會多數，則總統為行政權的領導者，總統無法掌握國會多數的情況下，總統會與國會多數溝通，總統掌握部分的行政權力，其他的行政權力由國會多數控制，這種類型的代表國家為波蘭。

4. 總統優越是無論總統是否屬於國會多數，總統皆可以決定總理和內閣人選，我國可以被歸類在這種類型之下。

　　在上面的分類法當中，可以發現兩個影響半總統制的因

素：總統權力和國會組成。總統的權力愈大，國會在組閣過程的影響力就愈小，在總統權力較大的情況下，總統可以不考量國會的意見，任命自己偏好的人擔任總理。反之，如果總統的權力較小，總理的任命過程就會由國會來主導。除了總統的權力之外，總統是否位於國會多數也是影響組閣的重要因素，如果總統可以掌握國會多數，雙方的偏好較為一致，國會較不容易阻攔總統提出的組閣人選；但總統如果無法掌握國會多數，總統提出的組閣人選容易遭到國會的阻擋。表 2-1 是根據分類的標準，以及實際運作的情況，所做的整理。

　　儘管吳玉山的分類已經呈現半總統制內部的運作狀況，但其分類還遭遇一些問題。第一個問題是準內閣制次類型的運作，是否等同於內閣制？由於準內閣制的國會可以決定總理、內閣成員的人選，實際運作無異於內閣制。針對這個問題，必須再回到前面提及半總統制和內閣制的定義，兩種制度最明顯的差別，是半總統制的國家元首由人民直選，實際的憲政運作

表 2-1　半總統制的次類型

類型	總統、國會多數一致	總統、國會多數不一致	代表國家
準內閣制	總統提名同黨或同派人士擔任總理	總統提名反對黨或反對派人士擔任總理	冰島
換軌共治	總統可選擇自己偏好的人士擔任總理	總統提名反對黨或反對派人士擔任總理	法國
分權妥協	總統可選擇自己偏好的人士擔任總理	總統和反對黨分享行政權力	波蘭
總統優越	總統可選擇自己偏好的人士擔任總理	總統可選擇自己偏好的人士擔任總理	俄羅斯

資料來源：轉引自吳玉山（2011：31）。

是否有差別，並不是判斷半總統制和內閣制的標準。因此，準內閣制和內閣制的實際運作差異不大，準內閣制仍然屬於半總統制的其中一種次類型。

　　另一個問題是換軌共治和分權妥協之間的具體差異，兩種次類型在總統與國會多數皆屬於同黨、同派系的狀況下，並無太多差異，但是在總統和國會多數分別屬於不同政黨、派系的情況下，兩種次類型便出現差異。在換軌共治的次類型之下，如果總統和國會多數分別屬於不同政黨或派系，此時就會出現共治（cohabitation）的情況，則總理以及內閣閣員皆由反對黨或反對派的人士，不會出現與總統同屬於相同政黨或派系的人士入閣。分權妥協在總統與國會多數分別屬於不同政黨的情況下，內閣成員除了有反對黨的人士外，還有部分與總統同屬於相同政黨的人士入閣。因此，**換軌共治在運作上不等同於分權妥協**。

　　經由上述，可知三種憲政體制內部的國家也不盡相同，即便被歸納在同一個制度之下，目前世界上也找不到兩個國家的憲政體制，有完全相同的運作模式。不過，研究者仍然可以由兩個不同的面向來判斷憲政運作的情況，第一個面向是制度上的差異，具體來說是總統或總理的權力，這兩個職務代表的是行政權力，前面舉出的案例已經說明了制度上的不同。第二個面向是國會的政黨組成情況，政黨組成情況包含政黨體系以及總統、總理是否能位於國會多數。

　　以上說明已介紹總統制、內閣制和半總統制的基本定義，釐清基本定義也可以得知三種制度之間存在清楚的分界

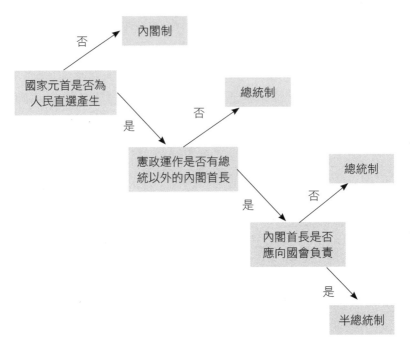

圖 2-4　憲政制度的區別方法

線，圖 2-4 是根據學界對於內閣制、總統制和半總統制的定義
做出的區別方法。在判斷一個國家的憲政制度的過程中，首先
可以觀察該國的國家元首是否為人民直選，如果不是人民直
選，那該國的憲政運作就屬於內閣制。接著再觀察該國除了總
統之外，是否存在另一個負責行政的首長，如果沒有的話，憲
政運作屬於總統制。如果該國除了總統之外，還有另一個負責
行政的首長，還必須再觀察這個行政首長是否向國會負責，如

果行政首長必須向國會負責，則該國屬於半總統制。

貳、我國憲政體制的運作

　　我國的憲政體制在學界的討論當中，首先出現的問題是我國屬於何種憲政體制？這個問題源自於我國憲政體制的權力中心有爭議。按照中華民國憲法，行政院為國家最高行政機關，[11]行政院長是行政院的首長，但實際的運作上，總統也有可能參與決策，甚至可以決定行政院長的去留，[12] 行政院長必須聽從總統的指示，否則會被撤換。另外，無論總統是否掌握國會多數，總統可能都是實際上的行政權力領導者，不會因為立法院的政黨組成而改變。由這些情況來看，我國的憲政體制具有總統制的特點，是否可能被歸類在總統制之下？

　　回答這個問題必須先探討總統制、內閣制和半總統制的定義，三種制度的定義在前一節已做說明。依照半總統制的定義，我國目前施行的憲政體制符合半總統制的兩個條件。在總統由人民直選的條件方面，我國的總統自 1996 年開始，由人民直選產生，[13] 之後雖然還有數次修憲，卻未曾改變總統的產生方式。在總理需要獲得國會多數同意才能繼續在任的條件上，我國的憲法允許立法委員對於行政院長提出不信任案，所以行政院長必須向國會負責，且必須在多數立法委員的同意下才能繼續在任。[14] 總統直選和倒閣權在憲法當中均有明確且成文的規定，所以我國屬於半總統制國家並沒有太多爭議。雖然從權力中心的觀點來看，憲政運作可能是由總統主導行政權，

且總統和國會皆有固定任期，與總統制的定義相類似。但在上一節討論半總統制的定義便已提及，是否由總統主導行政權並非半總統制的判斷標準，不能因為我國的總統為行政權的領導者，便把我國歸納在總統制的類型之下。

另一個問題是解嚴後，我國憲政發展在 1990 年代和 2000 年代，曾經歷過數次的修憲，憲政體制的權力中心大多數的時刻皆由總統掌控，憲政體制是否出現改變？這個問題主要是修憲的過程，涉及到總統直選以及總統權力的變動，也可能改變憲政體制。在解釋這個問題的過程中，也可以同時說明我國的半總統制並非突然出現，而是制度長期發展的結果。

這個問題可以從我國憲政體制的變化過程來回應，按照前一節所述的半總統制定義作為判斷標準，半總統制的條件是總統由人民直選產生，以及總理向國會負責。所以我國憲政體制轉變為半總統制，第一個關鍵是 1994 年的憲法增修條文，此次修改後的增修條文，不但更改總統的產生方式，也確認了總統選舉的選舉制度採用相對多數決，第一次的總統直選便於該屆總統任期即將屆滿之時舉行（1996 年）。但此時憲法並未賦予立法院倒閣權，立法院實際上沒有迫使行政院長下台的權力，直到 1997 年的修憲後，立法院才擁有倒閣權，所以我國的憲政體制自 1997 年後才正式進入半總統制。[15] 1946 年行憲後的總統並不是由人民直選產生，而是由國民大會代表投票選出總統，加上立法院也沒有倒閣權，所以行憲後的中華民國以及後來遷移來台灣的國民政府，皆不符合半總統制當中的總統直選條件，不能被歸納在半總統制的範圍內，但這段期間建立

的憲政制度是我國進入半總統制的原因之一。

　　我國選擇半總統制做為民主化後的憲政體制，是受到1946 年制定的憲法，以及民主化過程各方勢力競逐的影響。1946 年制定的憲法，當中已經設立總統、行政院長的職務，行政院長的功能相當於其他國家的總理，不過當時的總統是透過國民大會投票選舉產生，並非直接民選。國民政府來台後，繼續維持原有的憲政體制直到 1990 年代。雖然這段期間的總統不是人民直選產生，歷任總統包含蔣介石、嚴家淦、蔣經國、李登輝，當中除了嚴家淦之外，[16] 總統皆有握有實權。1980 年代末期解嚴後，反對黨要求民主改革的聲浪逐漸提高，其中一項要求是擁有實際政治權力的總統能夠改為直接民選。這個訴求正好遇到 1990 年代初期國民黨的主流派和非主流派之間的鬥爭，當時的總統李登輝屬於主流派，面對非主流派的挑戰，李登輝選擇與反對黨合作，推動總統直選以減少他在 1996 年選舉連任遇到的障礙（Wu, 2007: 204 ）。因此，後來的憲法增修條文把總統的選舉的方式由間接選舉改為直接選舉。

　　我國進入半總統制後，第一次重要的修憲過程在 1997年，此次修訂調整憲法增修條文，共分為 11 條，對於憲政運作包含三個部分：行政院長的產生方式、立法院的倒閣權、總統解散國會的權力。行政院長產生的方式從原本憲法第 55 條的規定：總統提名，立法院同意任命之，在 1997 年後改變為增修條文第 3 條：行政院院長由總統任命之。這次的修憲對於我國的憲政發展有幾個重要的意義，第一是總統任命行政院長

的過程，不需要再考量立法院多數委員的意見，[17] 1997 年修憲以前的規定，總統在任命行政院長的過程中，還要考量立法院多數委員的意見，如果提名的人選無法獲得超過半數立法委員的支持，就無法通過立法院行使同意權，需要再重新提名其他人選。[18] 但是在 1997 年修改憲法後，立法院行使同意權的權力被移除，只能由總統來決定行政院長的人選，總統可以不需要參照國會多數的意見任命行政院長，即便反對黨或派系在立法院獲得過半數的席次，也無法阻擋總統任命的權力。

　　1997 年修憲的第二個重要意義是，立法院自 1997 年修憲後擁有倒閣權，如果立法院對於行政院長的施政感到不滿，便可以提出不信任案，迫使行政院長下台。這個權力是內閣制、半總統制的國會必須擁有的基本權力，國會擁有倒閣權的情況下，總理才需要向國會負責。也代表總理需要獲得多數立法委員的同意，才能繼續在任。第三個重要的意義是此次修憲也同時賦予總統解散國會權。依照中華民國憲法增修條文第 3 條第 3 項的規定，立法院通過針對行政院長的不信任案後，總統可以解散立法院。從條文當中可知，憲法賦予總統的國會解散權是有條件的解散權，如果立法院沒有通過行政院長的不信任案，總統就不能依照憲法的規定解散立法院。[19] 這個權力對於憲政運作有重要的影響，主要是嚇阻立法院通過不信任案，因為如果倒閣案通過，總統便可依據憲法解散立法院，國會選舉便提前舉行，這樣會縮短立法委員的任期，增加無法連任的機率，減少立法委員提出倒閣案的意願。所以立法委員在倒閣案可能通過的情況下，反而不會提出倒閣案。我國進入半總統

制後，反對黨曾經兩次提出不信任案，分別是 1999 年和 2012
年，當時反對黨在國會皆沒有過半數的席次，最後並未通過倒
閣案。2000 年至 2008 年之間，反對黨取得過半數席次，最容
易達成倒閣所需的條件，這段期間卻未提出倒閣案，顯示**總統
被動解散國會權力的確可以嚇阻不信任案的通過**。

　　除了總統可以直接任命行政院長之外，我國的總統在憲
政運作的過程中的重要權力還包含免除行政院長的權力，這個
權力的重要性是如果行政院長與總統的政策立場不一致，或是
無法達到總統的要求，總統可以藉由這個權力更換新的行政院
長，確保行政院長與總統的政策立場維持一致。雖然我國的憲
法只有明文規定總統任命行政院長的權力，沒有明文規定總統
可以解除行政院長的職務，實際上我國的總統可以這個權力來
更換行政院長。[20]

　　在說明我國憲政體制的演變後，接著要比較我國與其他
半總統制國家的憲政運作。上一節提及吳玉山針對半總統制的
分類，其中一個次類型為總統優越。這個次類型的特色是無論
總統能否掌握國會多數，總統均可以按照本身的偏好，選擇自
己想要的人選擔任總理。從憲法和實務運作來看，我國的憲政
運作可以被歸納在總統權力較大的總統優越次類型之下，同
時也可以解釋我國與其他半總統制運作的不同之處。一般來
說，提及半總統制國家，可能會先聯想到法國的第五共和。雖
然法國第五共和並非近代第一個採用半總統制的國家，[21] 但是
Duverger 舉出半總統制的國家當中，只有法國的總統在實際運
作上有較大的行政權力，其他國家的總統在實際運作上大都只

有儀式性的功能，所以法國被認為是典型的半總統制國家。我國與法國的憲政體制卻有一些差異之處，學界常把半總統制之下的國家區分為不同的次類型，再解釋不同國家之間的差異。

　　在吳玉山的四種分類當中，我國和法國分別在不同的次類型之下，我國被歸類為總統優越，法國被歸類為換軌共治，這解釋了我國和法國半總統制憲政運作的差異。主要的差異之處，是法國總統如果遭遇到反對黨或反對派在國會有過半數的優勢情況下，法國總統會選擇提名反對黨的人士擔任總理並組閣。[22] 法國進入半總統制後，到目前為止總共出現三次左右共治（cohabitation），第一次是 1986 年的法國國會選舉，右派獲得超過半數的席次，左派的總統密特朗（Francois Mitterrand）便提名右派的席哈克（Jacques Chirac）擔任總理；第二次左右共治也是出現在密特朗執政期間，1993 年國會選舉後，右派再次取得過半數的席次，密特朗便提名右派的巴拉度（Edouard Balladur）擔任總理；第三次是 1997 年國會選舉，左派獲得超過半數的席次，右派的總統席哈克提名左派的喬斯班（Lionel Jospin）擔任總理。

　　相較於法國總統在任命總理的過程中需要考量國會多數，我國的總統遭遇到反對黨取得過半數的國會，仍然可以按照本身的意思任命總理，不需要考量國會多數，可能也會使我國的政治運作較難出現總統任命反對黨人士擔任行政院長，另外也更難出現半總統制的特殊現象：左右共治（cohabitation）。左右共治最早是形容法國總統和內閣成員分別屬於不同政黨的現象，[23] 後來延伸至形容其他半總統制國家的類似情況，不過

外界可能對於左右共治有一些誤解。左右共治在政治學當中的定義有兩個條件：1. 左右共治的現象只出現在半總統制國家；2. 總統所屬政黨或派系的成員沒有擔任閣員。第一個條件表示行政權當中分別存在總統以及向國會負責的內閣，兩者皆有權力領導行政權，且分別有不同的權力正當性。[24] 第二個條件是總統和內閣分別被兩個以上的政黨或派系所掌握，表示行政權的層峰分別屬於兩個以上的政黨或派系。[25] 依照左右共治的定義，民進黨籍的總統陳水扁任命國民黨籍的唐飛擔任行政院院長，並不是左右共治，因為當時的內閣還包含民進黨籍人士，[26] 我國的憲政發展史上從未出現左右共治。

　　回顧我國於 1990 年代轉變為半總統制國家後，按照總統和國會之間的府會關係，可以分為幾個階段。首先是 1996 年國民黨的李登輝當選總統後，此時立法院委員有超過半數屬於國民黨籍，[27] 所以總統和國會多數皆是國民黨人士，總統或行政院推動政務遭受到的阻攔較小。在行政院長的提名過程需要經由國會同意，不過國民黨占多數席次，提名的過程也不會遭遇國會的反對。1998 年立法委員選舉，國民黨繼續獲得過半數的優勢，[28] 憲政運作與立委選舉前沒有太大的差異。

　　2000 年的總統選舉，由民進黨的陳水扁當選總統，此時他要面對的是國民黨占多數的國會。2001 年的立法委員選舉，民進黨成為立法院的第一大黨，不過沒有取得過半數的優勢。在總席次為 225 席，民進黨總共獲得 81 席，與民進黨立場相近的台灣團結聯盟獲得 13 席，即使民進黨和台灣團結聯盟合作，仍無法取得過半數的席次優勢。這是我國進入半總統制

後，第一次出現總統所屬的政黨無法在國會取得過半數席次的情況。陳水扁在第一次任命行政院長時，嘗試任命國民黨籍的唐飛擔任行政院長，但唐飛在任期間短暫，總統和行政院長之間在政策立場上並不相同。接下來陳水扁擔任總統期間的行政院長，皆是民進黨籍人士。雖然民進黨在當時沒有取得國會過半數席次的優勢，但是總統任命行政院長不需要經過國會同意，陳水扁仍然可以按照自己的偏好來任命行政院長。國民黨即使可以提出不信任案迫使行政院長下台，卻受制於總統被動解散國會的權力，於陳水扁執政期間從未提出倒閣案。

　　陳水扁於 2004 年的總統選舉當選連任，這也是民進黨成立以來，第一次在中央層級的選舉取得過半數的選票。但同年底的立法委員選舉，民進黨仍然無法獲得過半數的優勢。[29] 2008 年後的國會選舉是選舉制度改革後的第一次國會選舉，民進黨在總數 113 席的立法院席次當中獲得 27 席，是歷年來執政黨獲得的最低席次比例。綜觀陳水扁執政時期，總統皆要面對反對黨超過半數的國會，但總統還是可以任命自己中意的人選擔任行政院長。

　　2008 年我國的總統選舉由國民黨籍的馬英九當選，在馬英九上任時，國民黨在立法院已經取得過半數的席次優勢。2012 年的立法委員選舉，國民黨再度取得過半數的優勢，同年，馬英九參與總統選舉連任成功。整體來看，馬英九執政時期，由於國民黨在大多數的時刻取得超過半數的國會席次，行政和立法之間的運作模式如同李登輝執政時期，直到馬英九擔任總統的後期。2016 我國立法委員選舉的結果，民進黨共獲

得 68 席，已取得過半數的席次，該屆立法委員於 2 月 1 日上任。國民黨籍的總統馬英九任期至 2016 年 5 月 20 日，所以馬英九總統執政的後期，要面對反對黨取得過半數席次的國會。但當時馬英九的任期已經接近尾聲，且該年的總統選舉由民進黨的蔡英文獲得勝選，所以當時的政府並未推動重大政策，行政和立法之間的關係沒有嚴重的衝突。蔡英文上任後，超過半數的立法委員皆為民進黨籍，憲政運作與先前陳水扁執政時期不同，政策推動較為順利。

　　上面已針對我國的憲政體制做了基本的介紹，另外也比較我國與其他半總統制國家的政治運作。我國屬於總統權力較大的半總統制國家，雖然行政院院長是最高的行政首長，但總統可以決定行政院院長的人選，使我國的總統選舉對於行政權有很大的影響力，連帶的影響我國的憲政運作。

參、日本憲政體制的運作

　　相較於我國和南韓的憲政體制，在歸類上可能還有模糊的空間，日本在戰後的憲政體制很明確的為內閣制。主要的原因是日本的國家元首為世襲的天皇，其僅有儀式性的功能，沒有實際的政治權力，行政權的領導者為首相，內閣必須取得超過半數國會議員的支持，才能夠繼續執政，這些要件均符合內閣制的條件。

　　內閣制國家的國體 （form of state） 可區分為君主制和共和制，君主制的國家元首由世襲產生，這類型的國家擁有王

室，例如日本、英國；共和制的國家元首由國會或其他議事機構選舉產生，例如德國、義大利。

日本屬於君主制。從日本歷史發展脈絡來看，日本現今的內閣制並非意外發展的結果，以下分別從天皇的角色以及明治維新的政治改革，來解釋日本近代內閣制的發展。在天皇的角色方面，天皇在日本歷史上曾擁有政治實權，但自西元 1192 年開始，天皇任命源賴朝擔任征夷大將軍，創立幕府制度，天皇便失去了政治實權，實際的掌權者為幕府領導者的征夷大將軍（McNelly, 2003: 267），即使幕府曾經有數次的更替，天皇還是沒有獲得實權。直到 1868 年明治維新的前夕，天皇才在倒幕派的支持下，重新獲得政治權力。明治維新改變了幕府長期統治的政治制度，仿效西方國家制定憲法，當中包含建立內閣和國會，所以明治維新後，實際的政治權力並非掌握於天皇一人手中。長期來觀察天皇在政治運作扮演的角色，可以發現天皇在大多數的時刻沒有實際的政治權力，這種情況也影響到後來的日本憲政運作，也就是虛位的國家元首。

明治維新創建的政治制度也是影響日本近代內閣制的重要因素，其源自於外國對日本的武力威脅，德川幕府時代施行鎖國政策，外國與日本通商受到幕府阻攔。1853 年美國海軍軍艦駛入東京灣，以武力威脅日本對美國開放通商，幕府不得不從，其他國家也提出通商的要求，訂定不平等條約，國內也開始出現推翻幕府的意見，希望藉由推翻幕府、實施政治改革來增強國力。經過一連串的談判與內戰，政治實權由幕府轉移至明治天皇，其開始推動改革。在政治制度上制定憲法，建立內

握有政治實權的明治天皇。

閣和國會，第一位首相伊藤博文於 1885 年上任。

　　不過明治時代的憲政運作過程，並不像現代的內閣制，在國會選舉後再經由政黨協商或投票產生總理和內閣，內閣想要推動的法案或預算案必須經由國會的同意。明治時代的首相是由元老向天皇推薦人選再任命，且如果國會沒有通過預算案，政府仍然可以執行預算（McNelly, 2003: 268）。由於元老的年紀逐漸增加，在 1930 年代初期，由資深政治家取代元老的功能，這群資深政治家是由曾經擔任首相的人士所組成（Gordon, 2003: 166）。總之，明治維新之後，至第二次世界大戰結束之間，總理人選是由一群資深的政治家來決定。在國會方面，明治維新創立兩院制的國會，分別是**貴族院**（House of Peers）

和平民院（House of Representatives），貴族院議員由皇室成員和其他貴族所組成，平民院的成員由人民選舉產生。從現代的內閣制定義來看，當時的憲政體制，其實不符合內閣成員產生，需要經由國會協商或投票的條件。所以當時的內閣其實不具有民意基礎，[31] 僅是後來成為內閣制雛形，不能算是真正的內閣制。

　　日本憲政於 1918 年出現更進一步的發展，元老選擇眾議院多數黨的領導者原敬擔任首相，使日本的憲政體制趨近於內閣制。爾後日本國會選舉的政黨競爭更加激烈，甚至於 1924 年首次出現聯合政府。這段期間朝向內閣制的發展直到 1932 年首相犬養毅被軍人刺殺為止，之後由於軍國主義興起，元老開始選擇軍人擔任首相。儘管憲政運作不符合內閣制的條件，當時的政治制度卻影響到日本在二次世界大戰後的政治發展。在二次世界大戰後，由盟軍主導，日本保留皇室並修改明治時期制定的憲法，成為民主國家。新憲法與舊憲法在憲政運作有幾個主要的差異，首先是皇室在政治上的功能，新憲法明訂天皇只有象徵性的功能，皇室成員在國會的席次被廢除。第二個差異是內閣成員的產生過程，戰後的憲法規定總理由國會投票選出，不再由元老或天皇指定。第三個差異是參議院的議員由人民直選產生，其也具有民意基礎，而非貴族的代表。目前日本的憲法在 1947 年開始施行後發展至今，憲政運作未曾改變。

　　上面的敘述是說明歷史因素對於日本現代憲政體制的影響，虛位元首、內閣以及兩院制並非二次世界大戰後才出現，

自明治維新開始，日本便已經出現相關的職務和機關，剛開始的運作還無法符合民主以及內閣制的條件，後來逐漸演進朝向內閣制，在二次世界大戰後，制定新的憲法才使日本轉變為內閣制國家。

在內閣制國家當中，兩院制是常見的政治制度，但通常內閣主要受到其中某一院的影響，例如英國的國會包含上議院和下議院，在憲政運作中，雖然沒有明文規定首相的產生方式，但英國首相皆是由下議院議員擔任，所以首相的產生過程必須視下議院的選舉結果，來決定首相的人選。下議院的立法權力也較大，也可以對於內閣提出不信任案，所以英國內閣主要受到下議院的影響。如同英國的下議院對於內閣和政策的影響力較大，日本的內閣與眾議院之間的關係較為密切。雖然日本憲法對於首相產生過程的相關規定當中，首相必須經由參議院和眾議院投票才能產生，參議院也有監督內閣的權力，但整體來看，參議院對於內閣的影響力較小。

日本眾議院和行政權關係較為密切有幾個原因，第一個原因是首相人選以及任期受到眾議院的影響，日本首相的人選是根據眾議院的選舉結果，如果參議院和眾議院無法達成共識，以眾議院的投票結果來決定首相人選。[32] 此外，如果國會對於內閣的施政感到不滿，只有眾議院可以提出不信任案。最後，在慣例上，戰後的日本首相皆是來自眾議院，也突顯出眾議院的影響力較大。第二個行政權和眾議院關係較為密切的原因是解散國會權，日本的參眾兩院當中，只有眾議院可以被解散，提前舉行國會選舉，參議院則是有固定的任期。眾議院的解散

條件是依照日本憲法第 7 條，內閣可以建議天皇解散眾議院。
天皇在戰後僅有儀式性的功能，解散眾議院的實際權力便由首
相控制。首相能控制眾議院選舉時程的情況下，可以鞏固本身
的實力，或藉由眾議院選舉來測試民意。[33] 日本的參眾兩院相
比較，眾議院的影響較大，且與內閣之間有較為密切的關係，
本章的說明以及後面章節的分析，有關於日本國會的部分，皆
是以眾議院為主。

　　由於組閣必須根據眾議院選舉的結果，再由政黨互相協商
籌組內閣，所以眾議院選舉的結果對於內閣制的行政權有很大
的影響力，行政權力的組成受到眾議院政黨體系的影響。根據
日本眾議院的選舉結果以及憲政運作，可以把日本戰後的政治
發展分為三個階段。

　　第一階段是 1949 年至 1955 年，也就是開始實施二戰後的
憲法後至 55 年體制形成期間。此段期間，吉田茂領導的自由
黨為第一大黨，雖然在 1953 年的眾議院選舉無法取得過半數
的席次，但透過與其他右派小黨的合作對抗左派政黨，自由黨
可以繼續執政。這段期間的結束肇因於 1954 年的行賄醜聞，
當時造船業向自由黨幹事長佐藤榮作行賄，首相吉田茂干預司
法調查，導致自由黨的部分派系退黨並組成日本民主黨，[34] 迫

圖 2-5　日本戰後憲政運作的變化

使吉田茂下台，由日本民主黨的鳩山一郎接任首相。1955 年的國會選舉，新成立的日本民主黨成為第一大黨，當年與第二大黨自由黨合併成為自由民主黨，這個合併的結果被稱為 55 年體制。自由民主黨成立後，除了成為當時的第一大黨外，也開啟 1955 年自民黨長期執政的階段。

第二階段由自民黨一黨獨大，長期執政且未出現能夠與之匹敵的反對黨。李國雄（2007：266-267）認為自民黨一黨獨大的原因在於得到財團和農民的支持，加上當時日本的經濟繁榮，以及眾議院的選舉制度。此時日本的內閣制，相較於其他內閣制國家，有兩個主要的特色。首先是單一政黨長期在國會取得過半數的席次，[35] 並組成單一內閣，直到 1993 年日本國會最後一次採用單記非讓渡投票制的眾議院選舉，[36] 選舉前，一部分的自民黨黨員出走另組政黨，[37] 自民黨才失去過半數的優勢成為在野黨。[38] 單一政黨長期取得過半數的國會席次，在內閣制國家當中屬於罕見的現象，即便是政治運作較為穩定的內閣制國家，如英國或德國，皆未出現單一政黨長期擁有過半數席次的現象。英國自二次世界大戰後，保守黨於 1979 年至 1997 年之間執政，是最長的連續執政期間。德國的基民黨、基社黨以及自由民主黨於 1982 至 1998 年的國會選舉之間，共組執政聯盟，獲得長期執政的權力。英國的案例與日本相較，連續執政的時間較短，德國的案例方面，除了時間較短之外，也不是由單一政黨組成內閣，而是多個政黨組成的聯合內閣。

第二個特色是日本的首相更動頻率，較英國或德國更為頻繁。雖然日本自民黨在 55 年體制的大多數時間掌握過半數

的國會席次，且組成單一政府，理論上首相可以組成穩定的政府，並長期執政，直到下一次的國會選舉。但這段期間，即使沒有遭遇到國會選舉或是倒閣，首相仍然更動頻繁，僅有少數首相可以長期在任。這並非只是憲政體制上的問題，另一個原因是自民黨內部的派閥所致。派閥形成的其中一個原因是日本眾議院選舉制度。1996 年眾議院選舉採用混合制之前，由於日本的國會選舉制度為複數選區單記非讓渡投票制（SNTV-MMD），此選舉制度的其中一個特色是造成政黨內部的競爭（王業立，2016）。選區內候選人需要資深從政人士的支持，對抗來自同黨的其他候選人，候選人當選國會議員後，再支持資深從政人士擔任黨職或入閣，彼此之間的利益交換使自民黨內部出現派系。派系之間互相協調，分配內閣職務或是鬥爭，皆可能使內閣總理或閣員的任期縮短（Rosenbluth and Thies, 2004）。

　　另外，由於自民黨長期在眾議院取得一黨獨大的優勢，日本首相在這段期間大多由自民黨總裁來擔任，總裁任期並非無限，而是三年一任，且在任當中還有可能遭遇其他派系的挑戰。所以這段期間，自民黨的首相除了要面對在野黨的壓力外，來自黨內的派系競爭可能比黨外更強大。如果自民黨總裁在任或連任過程無法獲得黨內其他派閥的支持，除了無法繼續擔任總裁外，也無法擔任首相，所以自民黨內部的競爭也是造成首相更動頻繁的原因之一。例如 1974 年，當時發生洛克希德事件使首相田中角榮下台，繼任首相以及自民黨總裁的三木武夫，因追查行賄案以及打擊金權政治，導致黨內其他派系的

反感，引起三木武夫和其他派系之間的鬥爭，其他派系並達成
三木武夫下台後，由福田赳夫接任的共識。所以即便 1976 年
的眾議院選舉，自民黨仍然可以自行組閣，三木武夫在選舉後
最終還是請辭首相職務。

　　日本戰後憲政運作的第三階段肇因於自民黨在 1980 年代
爆發一連串的政治醜聞，一些自民黨的年輕黨員也對於自民黨
高層的領導感到不滿，細川護熙於 1992 年離開自民黨，另創
新黨。1993 年的眾議院選舉，由於部分黨員的出走，自民黨
首次失去過半數的優勢。由新黨的細川護熙擔任首相，細川護
熙也是 55 年體制之後，首位非自民黨的首相，他的上任也表
示 55 年體制的結束。不過細川護熙上台後不到一年，就遭受
收賄的指控而下台，改由羽田孜擔任首相。1994 年的開始選
舉制度改革，眾議院的選舉制度由原本的單記非讓渡投票制改
成並立式混合制，並於 1996 年的眾議院選舉開始實施。選舉
制度改變後，對於國會政黨體系最直接的影響，是自民黨失去
了一黨獨大的優勢。儘管自民黨為國會第一大黨，卻不一定能
取得過半數的優勢，此時新黨與其他政黨組成聯合內閣。

　　在 1993 年眾議院選舉後，至 1996 年之間，共有 3 位非
自民黨的首相，他們上任皆組成聯合政府，但聯合政府內部的
政黨有不同的政策立場，使他們的任期短暫。1996 年自民黨
總裁橋本龍太郎與社會民主黨和先驅新黨合作，通過參眾議院
的任命投票擔任首相，再度開啟了自民黨的執政時期。此時自
民黨執政與先前執政時期最大的不同之處，是自民黨無法取得
過半數的席次，所以組閣必須與其他政黨合作組成聯合內閣，

直到 2009 年。2009 年的眾議院選舉，民主黨不但成為第一大黨，且獲得超過半數的席次，這是 55 年體制後，首次出現自民黨以外的政黨獲得過半數的席次，獲得的席次比例甚至比自民黨長期執政時期還要更高，選後由民主黨的鳩山由紀夫擔任首相。不過鳩山由紀夫擔任首相的期間不到一年，便因為美軍基地遷移的議題而下台。2012 年安倍晉三領導的自民黨，於眾議院選舉取得過半數的席次，使自民黨重新執政至今。

　　綜觀日本在二次世界大戰後施行的內閣制，可以發現國會選舉是內閣制國家當中最重要的選舉，因為國會選舉的結果，不但影響各政黨在國會的席次分布，還會影響政黨能否取得行政權力。[39] 另外，政黨本質上的差異導致憲政運作的差異，也可以得知在內閣制的運作當中，政黨扮演非常重要的角色，因為做為行政領導的內閣團隊，必須依靠政黨在國會當中的支持才能繼續執政。日本的首相除了要面對其他政黨的競爭外，還要面對黨內其他派系的競爭。如果無法得到政黨的奧援，首相可能就要辭職或發動提前選舉。相較之下，在總統制的憲政運作當中，即便沒有政黨的支持，總統仍然可以繼續執政，所以政黨在總統制的影響力較小。

　　最後，要比較的是內閣制與其他憲政體制的選舉時程。內閣制國家的憲法，只有規定距離下一次國會選舉的最長時間，並沒有規定距離下一次國會選舉的最短時間，與總統制國家對照，內閣制的國會選舉時程較不固定。[40] 綜觀日本戰後的眾議院選舉時程，僅有三次眾議院國會選舉距離前一次國會選舉的時間接近四年，[41] 其餘皆是國會提前解散導致的選舉。造成日

本眾議院提前選舉的原因，除了倒閣案之外，最常出現的原因是首相提前解散國會。[42] 國會提前選舉的情況在總統制國家非常少見，原因是總統制國家的總統和國會，彼此之間的任期不會互相干預。

肆、南韓憲政體制的運作

　　本章的第一節已經把南韓的憲政體制歸納為總統制，第一個原因是南韓民主化以後，總統由人民直選產生，[43] 因此南韓不屬於內閣制國家。南韓同時擁有總統和總理，接下來的爭議是南韓屬於總統制或半總統制。半總統制國家的條件對於總理的定義是必須在國會多數的支持下，才能繼續在任。在南韓總理的任命過程中，需要國會多數的支持，[44] 此時總理已經獲得國會多數的同意。總理和閣員上任後，也需要到國會備詢。上面的條件看似總理需要向國會負責，但如果國會對於內閣施政感到不滿，只能提出倒閣的建議，[45] 無法直接發動倒閣，總理是否去職仍然由總統來決定。換句話說，國會的多數沒有任何權力迫使內閣成員下台，內閣實際上只需要向總統負責，不需要向國會負責。因此，南韓當前的憲政體制屬於總統制。

　　從政治發展來看，南韓在 1988 年民主化之後進入總統制，是受到建國初期制定憲法的影響。前面的章節已提及，總統制的其中一個缺點是行政權由總統掌握，總統權力過大產生的嚴重問題是民主政治轉變為獨裁，且總統有任期保障，即便國會或人民對於總統的施政感到不滿，也很難迫使一個總統下

台。南韓的政治發展過程中，也曾遭遇類似的問題，在政治發展過程中發生多次社會運動，也對於總統權力有數次的修訂，試圖縮減領導者的權力以避免總統獨攬大權。

南韓自 1948 建立政府之後，至 1960 年之間，稱為第一共和。此時就已經有創設總統職務，首任總統是李承晚，雖然總統擁有實權，卻不是由人民直選，而是由國會選出。由於建立政府的初期，韓國分裂成兩個政府，除了南方由美軍扶植成立南韓外，蘇聯在韓國北方也扶植成立北韓，南韓受到共產黨的威脅，需要一個擁有實權的總統來領導。二年後爆發韓戰，為了對抗北韓的入侵，更增強總統的權力，包含宣布戒嚴，以及鎮壓反對運動。此時南韓的憲法也對於總統職務的規範做了一

1979 年以前，李承晚（左）和朴正熙（右）長期擔任總統。

些修改，首先是改變總統的產生方式，由國會選出總統改成人民直選，李承晚成功連任後，再移除總統的連任限制。

1960 年的總統選舉，反對黨的總統候選人盧禎冕在選前病逝，總統候選人僅剩下李承晚一人。李承晚連任後，反對李承晚獨裁的社會運動興起，李承晚被迫下台並流亡至國外。此時南韓開始修改憲法。改善總統濫權的缺點，把總統制改為內閣制，新增總理職位，政治權力轉移至總理，總統變為虛位元首。並於同一年再度舉行總統選舉，此次總統選舉由國會議員投票選出總統，這個改革過程被視為第二共和的開始。但採用內閣制的第二共和，無法有效的處理經濟問題和社會運動，所以南韓軍方於 1961 年發動軍事政變，權力由內閣轉移至軍方控制的權力再建最高會議，由朴正熙掌握實權。1963 年的總統選舉再度改為全民直選，朴正熙當選總統，第二共和也跟著結束。

第三共和及第四共和皆是由朴正熙擔任總統，兩個共和的分界點是 1972 年實施的維新憲法，朴正熙透過軍事政變和修憲，擴充總統權力。在第三共和期間，反對黨在三次的總統選舉皆獲得四成以上的選票（Nohlen, Grotz, and Hartmann, 2001），[46] 仍然對於朴正熙的統治產生威脅。為了避免反對黨的挑戰，朴正熙修改憲法，使南韓進入第四共和。第四共和的南韓總統選舉再次改為間接選舉，候選人必須先通過統一主體國民會議的推薦，才能參與總統選舉，形同增加其他候選人參與總統選舉的難度。第四共和當中的三次總統選舉，皆只有一位總統候選人。[47] 另外朴正熙還增加總統的權力，取消總統的連任限制。

　　1979 年朴正熙被暗殺，總理崔圭夏繼任總統，同年舉行總統選舉。崔圭夏當選總統後，宣布戒嚴引發民眾抗議，全斗煥趁機發動政變迫使崔圭夏下台並掌握政權，並擴展實施戒嚴令的區域。擴展戒嚴令的命令，在 1980 年 5 月引發光州事件，人民大規模示威反抗全斗煥的獨裁，但反抗活動隨後被軍隊鎮壓。同年 8 月舉行總統選舉由全斗煥當選總統，開啟南韓的第五共和。由於人民持續對於總統的權力產生質疑，第四、五共和交接之際，憲法對於總統的規範也有更改，南韓繼續維持總統制，不過總統任期改為七年且無法連任。1985 年反對黨在國會選舉獲得更多的席次，為了回應反對黨的要求，全斗煥的接班人盧泰愚決定修憲，內容包含總統改為人民直選以及縮減總統權力。1988 年第五共和跟著全斗煥的任期一起結束，南韓進入第六共和，同時進入民主政體，根據自由之家（Freedom House）針對世界各國的民主程度調查資料，南韓的自由程度自 1988 年開始，才轉變為自由。表 2-2 整理出南

表 2-2　南韓六次共和的時間表

名稱	時間	更替原因
第一共和	1948.7~1960.8	民眾抗議李承晚長期擔任總統，李承晚流亡至海外
第二共和	1960.8~1963.12	朴正熙發動軍事政變
第三共和	1963.12~1972.12	朴正熙發動軍事政變
第四共和	1972.12~1981.2	全斗煥發動軍事政變
第五共和	1981.2~1988.2	民主化
第六共和	1988.2~	現在的民主政體，至今無更替

資料來源：Croissant (2002).

韓六次共和的時間表以及更替原因。

綜觀南韓進入民主化之前的政治運作，自第一任總統上任後，總統擁有較大的權力，加上軍方也擁有很大的影響力，使民主發展受到限制。在民主化之前，雖然曾經在第二共和出現短暫的內閣制，希望縮減總統權力來達成民主，但很快就被軍事政變推翻。這段期間的政治運作也影響到南韓民主化之後的總統制運作，首先是總統任期的限制，避免總統長期擁有行政權力，所以禁止現任總統參與總統選舉；第二是總統民選，過去參與總統選舉需要選舉人團推薦，增加參選的難度，等同於限制反對勢力參與總統選舉，改成直接民選可以避免總統選舉人團阻礙參選，所以南韓在民主化之後的總統皆是全民直選產生；第三是總統的權力，由於朴正熙和全斗煥擔任總統期間，總統權力過大，所以在全斗煥擔任總統的後期，總統權力被削減。另外，在民主化以前，南韓的總統選舉的方式曾歷經數次改變，所以南韓的憲政體制在民主化以前不完全是總統制。其中七次總統選舉不是人民直選，[48] 在總統不是人民直選的情況下，並不符合總統制的定義。

進入民主化後，南韓一直維持總統制至今，民主化之後的前兩任總統，盧泰愚和金泳三執政期間，總統所屬的政黨在國會選舉後皆無法取得過半數的優勢，必須與其他政黨合併或是無黨籍議員合作才能獲得過半數優勢。盧泰愚是進入民主化之後的第一位總統，其所屬的民主正義黨並未在 1988 年的國會選舉獲得過半數的席次，形成分立政府。二年後，民主正義黨、重新統一民主黨和新民主共和黨合併為民主自由黨，使分

立政府轉變為一致政府，且執政黨掌握超過三分之二的絕對優勢。但是 1992 年的南韓國會選舉，民主自由黨的席次卻大幅減少，只差 1 席才能超過半數，不過選後民主自由黨至少爭取了 10 名無黨籍議員的支持，使民主自由黨可以繼續維持過半數的優勢。1992 年底的總統選舉，民主自由黨的金泳三當選，金泳三擔任總統期間，民主自由黨改名為新韓國黨，原本屬於新韓國黨的金鍾泌於 1995 年脫黨另組聯合自由民主黨，使新韓國黨無法在 1996 年國會選舉取得過半數的席次，選後新韓國黨再次與無黨籍議員合作維持過半數的優勢。

　　1997 年的總統選舉由新千年民主黨的金大中當選，金大中執政期間，其所屬的政黨皆無法在國會取得過半數的優勢。金大中上任時，面對的是新韓國黨取得過半數優勢的國會。2000 年國會選舉，新千年民主黨不但無法取得過半數的席次，也不是第一大黨，使金大中執政期間的憲政運作皆屬於分立政府。2002 年的總統選舉，新千年民主黨的盧武鉉當選總統，隔年 9 月盧武鉉和其支持者離開新千年民主黨，另組開放黨。2004 年 2 月，反對黨認為總統親信貪汙，且總統違反中立原則，在國會通過彈劾案，但最後彈劾案被憲法法院拒絕，盧武鉉繼續擔任總統。彈劾案使盧武鉉獲得更高的支持度，2004 年 4 月的國會選舉，開放黨取得過半數的席次，這是南韓民主化之後，首次出現總統所屬的政黨在國會選舉取得過半數的席次，盧武鉉執政時期進入一致政府的狀態。

　　2007 年的總統選舉，由大國家黨的李明博當選總統，[49]因此，憲政運作變成分立政府，不過 2008 年的國會選舉，大

被彈劾的南韓總統朴槿惠。

國家黨取得過半數的席次，憲政運作變成一致政府。2012 年
4 月的國會選舉，大國家黨繼續維持過半數的席次優勢，同年
12 月的總統選舉，大國家黨的朴槿惠當選。但 2016 年的國會
選舉，由於執政期間表現不佳，朴槿惠所屬的新世界黨[50] 失
去了過半數的優勢。同年朴槿惠的親信被指控干政並獲利，引
發群眾抗議，國會先於 2016 年 12 月通過彈劾案，隔年憲法
法院也審理通過彈劾案，朴槿惠結束總統任期。隔年的總統選
舉，由民主黨的文在寅當選。

　　從上面的敘述，也可以看出南韓民主化的前期，總統黨較
難在國會選舉取得過半數的席次，[51] 須在選後結合其他政黨或
是與無黨籍國會議員合作才能獲得過半數的席次。原因可能是
總統選舉制度，由於南韓的總統選舉制度採用相對多數決制，
當選者不需要獲得過半數的選票即可當選，在 2012 年以前的

五次總統選舉，當選者的得票率皆未超過半數，當選者的政黨支持率可能也未超過半數，最後出現分立政府。

　　相較於其他總統制的民主國家，**南韓的總統制運作的特色是南韓曾經出現總統被成功的彈劾，這在總統制的民主國家是罕見的狀況。**前一節說明的三種憲政體制，總統制、內閣制和半總統制當中，總統制和半總統制的憲法有明確的規定總統任期以及連任次數，大多數的總統皆可以做完憲法規定的任期。民主國家當中，除了南韓之外，亦有總統被彈劾解職的少數案例。[52] 有些國家的總統曾經遭遇彈劾程序，但最後並未被彈劾下台。[53] 南韓於 1988 年轉變為民主國家之後，曾出現兩次彈劾總統的程序，分別發生在盧武鉉和朴槿惠的執政期間。

　　這一節說明了總統制的運作，以及南韓憲政運作的特性。雖然南韓的憲政運作是總統制，實際運作的內容卻與美國有較多的差異。從南韓的案例當中，可以得知雖然總統很難在任期屆滿之前下台，但南韓已經出現彈劾成功的案例。

伍、結語

　　本章介紹了目前世界上三種主要的民主憲政制度，以及台灣、日本、韓國的憲政制度發展過程。在說明三種民主憲政制度的過程中，首先會遇到的難題是制度之間可能沒有清楚的界線，因為在實際運作上，部分的國家可能無法明確的歸類在某一種憲政制度之下。本章也根據學界對於三種憲政制度的定義，說明了分類的過程與方法，主要是從憲法條文來判斷一個

國家的憲政制度，根據分類方法，可以明確的區分三種憲政制度。因此，三種憲政制度是獨立存在，一個民主國家除了透過修憲，不會出現憲政制度的變動。

　　另外，本章介紹台、日、韓憲政制度的演變過程，當中最重要的意涵，是一個國家當前的憲政制度並非驟然而成，在當前的民主憲政制度出現之前，便已經有一套憲政制度或運作模式。這些制度可能具有某些特性，影響到未來民主化之後的憲政制度。以台灣為例，制憲時期至國民政府遷台後，憲政制度皆有設立總統、行政院長，也影響後來台灣在民主化後走向半總統制；日本的憲政制度發展，是受到明治維新時期，虛位元首以及內閣的影響，在戰後演變成內閣制；韓國在二次世界大戰後，長期出現強權總統，使民主化後仍然維持總統主導行政權的總統制。所以在探討一個國家當前的憲政制度運作，必須把憲政制度的發展納入考量，才能更完整的得知憲政運作背後的動機。

註解

1. 例如制度改革的階段，改革派希望建立新的制度，守舊派人士可能會希望維持舊的制度，最後產生的新制度便是改革派和守舊派妥協的結果。

2. 以色列自建國以來，憲政體制一直施行內閣制，不過曾經於1996、1999、2001 年分別舉行三次總理選舉，屬於內閣制國家當中的例外情況。另外，此時行政領導者和國會議員皆有民意的正當性，具備總統制的特徵，不過國會仍然有倒閣權，所以當時的以色列不是總統制國家。

3. 西敏寺模式的運作是內閣制搭配兩黨制，如同英國的憲政運作。

4. 例如德國、義大利的總統，是由國會議員投票選出，並非人民直選。

5. 總統制的運作過程中，總統和國會任期固定，並不表示總統在任期間一定是憲法規定的期間，國會也不一定能做滿任期。總統在任期當中還是有可能被彈劾，國會也有可能被解散。但相較於內閣制，上述兩種情況達成的門檻較高，實際的案例也較少出現。

6. 本書的第三章會說明選舉制度與政黨體系之間的關係，第四章會討論憲政體制和國會選舉制度搭配的議題，本章集中討論憲政體制和國會組成的影響。

7. 有關南韓的憲政運作，在本章的第三節有更深入的介紹和討論。

8. 例如西班牙憲法第 98 條第 3 款以及愛沙尼亞憲法 63 條規定國會議員不得兼任政府官員。

9. 有關於選舉人團選舉制度的詳細說明，請參閱王業立（2016）。

10. 學界的區分標準以及不同的次類型，可以參閱蘇子喬（2013：61-63）。

11. 憲法第 53 條。

12. 憲法增修條文第 3 條，內容規定行政院長由總統任命之，但並未規定總統可以免除行政院長的職務。但是吳玉山（2011：21）認為我國的總統任命權，已經隱含總統免除行政院長的權力，亦即總統可以直接任命一位新的行政院長來取代原有的行政院長。

13. 憲法增修條文第 2 條。

14. 憲法增修條文第 3 條。

15. 我國進入半總統制後，曾有幾次修憲和大法官釋字確認了總統、行政院長和立法院之間的權力關係，詳細的說明可參閱蘇子喬（2013）。

16. 蔣介石於 1975 年任內過世，副總統嚴家淦依法繼任總統，實際的政治權力由行政院長蔣經國控制。

17. 任命過程不用考量立法院多數委員的意見，不代表行政院長不需要多數委員同意才能繼續在任，因為此次修憲也賦予立法院擁有倒閣權。

18. 1997 年以前，我國的立法院擁有閣揆同意權，能否被歸納在總統優越的次類型，還有待討論。不過我國在 1997 年以前，立法院皆是由國民黨取得半數以上的席次，總統也皆是國民黨籍人士，無法得知總統無法掌握國會多數可能會出現的情況。

19. 相較於中華民國憲法賦予總統有條件的解散國會權力，法國憲法對於解散國會的條件較為寬鬆，法國第五共和憲法 12 條規定，在諮詢總理、國會議長後，總統可以宣布解散國會。實際運作上，部分的法國總統上任後，如果遭遇反對派占多數的國會，總統可以選擇解散國會，試圖透過國會重新選舉來扭轉總統在國會當中的劣勢。例如左派的密特朗總統於 1981 年 5 月上任後，隨即解散國會並於 6 月改選，原本在改選前，右派占國會多數，改選後由左派占國會多數。

20. 由於憲法並未明文規定總統是否有權力更換行政院長，學界對於這個權力仍有一些爭論，詳細的情況可參閱蘇子喬（2013：179-

185）。

21. 依照半總統制的定義，德國的威瑪共和、冰島、奧地利進入半總統制的時間均早於法國第五共和。

22. 法國憲法第 8 條僅規定總理由總統任命，並未提及總理任命需經由國會同意。不過在實際的運作上，法國總統仍然會參照國會的政黨組成情況，來提名總理。

23. 法國第一次左右共治出現在 1986 年，該年的法國國會選舉，右派聯盟取得過半數的席次。當時的法國總統是左派的密特朗，所以國會選舉結束後，總統任命右派的席哈克擔任總理。

24. 總統由人民直選產生，總統的權力正當性來自人民；內閣必須在國會多數的允許下，才能繼續執政，內閣的權力正當性來自國會。

25. 如果總統為無黨籍人士，也不在左右共治的定義範圍內。

26. 例如當時內閣成員當中的行政院副院長游錫堃屬於民進黨籍。

27. 當時的立法委員於 1995 年的立委選舉選出，總共 164 位立委，國民黨籍的立委人數為 85 位，國民黨在立法院有超過半數的優勢。

28. 此屆立法委員總數為 225，其中 123 人屬於國民黨籍。

29. 總席次 225 席，民進黨獲得 89 席，與民進黨立場相近台聯獲得 12 席。

30. 元老是明治維新後，不在憲法規範之下的非正式職務，擔任元老的人士，大多為推動明治維新有功之人，或是曾擔任內閣閣員的資深政治家，包含山縣有朋、松方正義、西園寺公望等人。其負責提供政策建議給天皇，建議的內容包含首相的人選。

31. 以日本在二次世界大戰前，最後一任文人首相犬養毅為例。元老於 1931 年 12 月任命其為首相，其上任後才解散國會重新選舉。但按照現代內閣制的首相產生過程，應該先舉行國會選舉，再根據政黨之間的協商選出新首相。

32. 日本憲法第 67 條規定首相必須經由國會舉行會議進行表決，通過後才能就任，如果參眾兩院無法達成共識，或是眾議院做成決議

的十日內，參議院無法做成決議，此時眾議院的決議便為國會的決議。

33. 日本首相小泉純一郎在 2005 年推動郵政民營化遭遇國會的阻力，便解散眾議院進行選舉。選後執政的自民黨席次大幅增加，讓小泉純一郎可以繼續推動郵政民營化。

34. 此時的日本民主黨和 1998 年成立的民主黨沒有關聯。

35. 除了 1976、1979、1983 年的眾議院選舉，自民黨無法獲得過半數的席次，其他在 55 政體期間的眾議院選舉，自民黨皆可獲得過半數的優勢。

36. 日本選舉制度改革對於政黨體系的影響，本書的第三、四章有更進一步的說明。

37. 1993 年至 1996 年的眾議院選舉之間，總共出現三位非自民黨的首相，其中細川護熙以及羽田孜曾經是自民黨黨員，兩人皆在 1993 年眾議院選舉之前離開自民黨，另立其他政黨對抗自民黨。

38. 雖然自民黨在 1993 年的國會選舉沒有取得過半數的席次，但仍為國會第一大黨。

39. 由於日本的首相皆來自眾議院，眾議院對於首相的任命過程也有主導權，所以前述的國會選舉指的是眾議院選舉。

40. 日本憲法第 45 條規定每一屆眾議員的任期為四年，但遭遇到解散國會可以提前結束。

41. 1976、1990、2009 年的國會選舉。

42. 日本憲法第 7 條規定天皇可以根據內閣的建議，解散眾議院。但日本天皇是虛位元首，所以實際上解散眾議院的權力由首相控制。

43. 南韓當前的總統選舉是依據憲法第 67 條，當中規定總統的產生方式是人民直選。

44. 南韓憲法第 86 條規定總理由總統提名，並經國會同意後完成任命。

45. 南韓憲法第 63 條。

46. 1963、1967、1971 年的總統選舉，反對黨分別獲得 45.1%、40.9%、45.3% 的選票。

47. 1972、1978 年的總統選舉，參選人只有朴正熙。1979 年由於朴正熙已被暗殺，由繼任者崔圭夏參選。

48. 1948、1960、1972、1978、1979、1980、1981 年的總統選舉不是人民直選。

49. 大國家黨的前身是新韓國黨。

50. 新世界黨的前身是大國家黨。

51. 2004 年的國會選舉是第一次出現總統黨取得過半數的情況。

52. 1990 年代至今，民主國家的總統被彈劾解職的案例如下：1993 年委內瑞拉總統佩雷斯（Carlos Andres Peres）、1997 年厄瓜多總統布卡拉姆（Abdala Bucaram）、2000 年秘魯總統藤森謙也（Alberto Fujimori）、2001 年印尼總統瓦希德（Abdurrahman Wahid）、2004 年立陶宛總統帕克薩斯（Rolandas Paksas）、2005 年厄瓜多總統古鐵雷斯（Lucio Gutierrez）、2012 年巴拉圭總統魯戈（Fernando Lugo）、2016 年巴西總統羅塞芙（Dilma Rousseff）。

53. 其他總統制和半總統制國家，也曾經啟動彈劾總統的程序，例如美國總統尼克森（Richard Nixon）曾因水門案於 1974 年遭遇國會彈劾，但彈劾程序尚未完成，尼克森先自行請辭。羅馬尼亞總統巴謝斯古（Traian Basescu）於 2012 年遭遇國會提出彈劾，但彈劾案並未通過公民投票。

台、日、韓選舉制度的運作

　　本章主要介紹台、日、韓三個國家的總統、國會選舉制度演進過程，以及選舉制度與憲政運作的關係。前一章曾經說明三種不同類型的憲政運作，重點在於行政、立法機關之間的互動關係，本章著重的是政黨進入行政、立法機關的過程。以下將先說明選舉制度的重要性以及選舉制度對於政黨體系的影響，本書選擇分析的三個國家，目前的國會選舉制度皆採用並立式混合制（或稱為並立制），且國會選舉制度發展過程有類似的經歷，皆是從單記非讓渡投票制轉變為並立式混合制。所以本章將會特別介紹並立式混合制和單記非讓渡投票制，最後再分別說明這三個國家的選舉制度，以及選舉制度對於憲政運作的影響。

壹、選舉制度、政黨體系在憲政運作的重要性

　　選舉的重要性，在於民主國家的政黨必須透過選舉進入國會，或是取得總統職務，才能在政策上發揮影響力。個人或政黨進入行政、立法機關的主要途徑是透過選舉，選民透過國會選舉選出國會議員，或是透過總統選舉選出總統。被選民選出的國會議員代表民意，擁有立法權，包含制定或修改法案、人事同意權、審查預算、監督行政權的功能。在內閣制和半總統制國家的憲政運作當中，國會對於行政權的存續有更強大的影響力，內閣必須仰賴國會多數的支持才能繼續執政。在總統制和半總統制的國家當中，不論候選人在總統選舉的得票率多

寡，只要當選成為總統，就有贏者全拿的優勢，除了決定政策
的方向外，還可以任命許多官員。

在民主政體的運作當中，無論是內閣制、總統制或半總統
制，政黨皆是憲政運作不可或缺的要素，因為個人很難憑藉一
己之力來推動政策，或是從事大規模的競選活動，所以需要政
黨的支援。在前一章的討論當中，可以得知在實施內閣制的日
本，政黨在國會獲得的席次多寡不但影響政黨能否入閣，即使
在一黨獨大的情況下，政黨內部的派閥互動也會影響到首相的
任期；在採行總統制的韓國和施行半總統制的台灣，總統在競
選的階段需要政黨的奧援，當選後也需要政黨在國會的支持才
能推動政策。

國會不是單一行動者，而是由多個國會議員所組成，這些
進入國會的議員大多為政黨成員，通常民主國家的國會至少存
在兩個政黨。在探討選舉、政黨對於憲政運作的影響時，研究
者會先根據國會內部的政黨數量以及政黨在國會的席次分布，
把政黨在國會的組成情況歸納為不同的政黨體系，再繼續探討
國會在憲政運作扮演的角色。Sartori（1976）把民主國家國會
的政黨體系分為幾個類型，第一種政黨體系是一黨優勢制，在
這種類型之下，除了一個執政黨之外，法律制度也提供其他政
黨競爭政治權力的機會，政黨之間的選舉競爭大體上也還算公
平，但其他政黨總是沒有機會取代執政黨。第二種是兩黨制，
在這種類型下，兩個政黨在法律規範與實際上皆有能力去贏得
國會過半數而執政，兩黨輪替成為常態。如果沒有政黨可以獲
得國會半數以上的席次，就會被區分為有限（溫和）多元或極

端多元的政黨體系，有限多元政黨體系大約有 3 至 5 個政黨，極端多元政黨體系則是有 6 個以上的政黨。即使薩托利針對政黨體系進行分類，政黨體系仍然是一個抽象的概念，因為每個政黨在國會擁有的席次並不相同，只計算國會當中的政黨數目，並無法明確得知各政黨的勢力。

面對各政黨在國會席次分配不相等的問題，Taagepera 和 Shugart（1989）針對國會席次的離散程度創造的測量方法 $N = 1 / \Sigma P_i^2$，[1] 被稱為國會有效政黨數目。透過這個計算方法，研究者可以經由每個政黨的席次比例，計算出一個客觀的數字。國會有效政黨數目表示國會席次的集中程度，國會有效政黨數愈大，表示席次愈分散於各政黨，國會當中愈有可能是多黨制；國會有效政黨數愈小，表示席次愈集中於少數政黨，愈有可能是兩黨制或是一黨獨大。

國會政黨體系的分裂程度對於憲政運作的正面或負面影響，在政治學界並無定論。Lijphart（2004）認為選舉制度採用比例代表制，國會政黨體系為多黨制，較能符合民主運作的原則，避免權力集中在少數人的手中。但是國會當中的政黨分裂程度增加，有可能使國會難以達成共識，增加行政機關推動政策的困難程度，且在總統制與半總統制下有可能出現分立政府，造成總統與國會之間的對立與僵局。

以上的說明是介紹國會政黨體系的概念，國會政黨體系可能影響政策的方向或憲政運作模式，影響國會政黨體系的主要因素是國會選舉制度，因為國會選舉制度是選民的選票轉換為國會議員席次中間的計算機制。根據憲政運作的流程，選舉制

圖 3-1　選舉制度對於憲政運作的影響過程

度對於憲政運作影響的方式，是選舉制度影響政黨體系，進而影響憲政運作，[2] 如圖 3-1 所示。

　　選舉制度影響政黨體系的理論當中，最著名的是杜瓦傑法則（Duverger's Law）（Duverger, 1954），該理論認為**國會選舉制度採用單一選區相對多數決制，政黨體系將會出現兩黨制；採用比例代表制或二輪投票制，將會出現多黨制**。單一選區相對多數決制形成兩黨制中間的機制，Duverger 分為機械因素和心理因素，機械因素是指制度本身只容許一位候選人當選，所以小黨的候選人就被排除在國會之外，使小黨較難在國會取得席次；心理因素是指選民的策略性投票，如果選民認為其支持的候選人較難當選，選民會依照本身的偏好順序，把選票投給其他較有可能當選的候選人，所以選票會集中在大黨，小黨的候選人進入國會的困難程度增加。兩種機制皆會導致小黨的候選人當選難度增加，最後使得政黨體系成為兩黨制。

　　Downs（1957）從利益極大化的角度解釋選舉制度的影響，範圍包含選民的投票行為，以及政黨或候選人的政策立場。原因是在利益極大化的假設之下，選民不想浪費自己的選

票,政黨則是想要獲得最多的選票。所以選民會依照選舉制度,把選票集中在最有可能當選的候選人或政黨,政黨和候選人則是依照選舉制度調整自己的政策立場,來吸引選民的支持。在政黨的政治立場以及選民的投票行為被選舉制度影響的情況下,選舉制度會影響一個國家的政黨體系,進一步對於國家的憲政運作產生影響。Downs 認為選舉制度對於政黨體系的影響,也如同杜瓦傑法則。

　　杜瓦傑法則雖然解釋了政黨體系的形成原因,但也有學者提出批評。Cox(1997)認為杜瓦傑法則針對單一選區相對多數決制的說明,還不足以解釋政黨體系的形成原因。單一選區相對多數決制適用在一個選區之下,形成兩黨制並無爭論,但在不同的單一選區中,可能有不同的政黨在各選區競爭,[3] 因此 Duverger 提出的兩黨制形成的理論有缺陷。Cox 發現全國性兩黨制形成的原因,可能是中央層級的行政首長選舉,因為中央層級的行政首長只有一人,在選舉的過程中可以產生全國性的政黨,使選民投票給全國性政黨的候選人。除了 Cox 之外,Sartori(1997: 40)也有類似的論點,Sartori 認為單一選區相對多數決制不見得一定會形成兩黨制,但可以鞏固已存在的兩黨制。

　　以上說明的是國會選舉制度對於國會政黨體系的影響,除了國會選舉外,在總統制和半總統制國家,人民可以直接選出總統,所以總統選舉對於憲政運作也有重要的影響。總統是行政權的領導者,且總統還有任期的保障,一旦當選,總統在任期當中被撤換的難度較高。總統僅代表國家的行政權,立法權

和監督行政的權力則是由國會選舉選出的國會負責,所以在總統制和部分的半總統制國家,[4] 總統選舉不但影響政府的政策立場,還影響到行政和立法機關之間的互動關係。此外,總統選舉也有可能影響國會的政黨體系,因為總統選舉對於國會政黨體系可能有衣尾效應(coattail effect)。[5]

　　總統選舉對於國會政黨體系產生影響,中間的機制可以分為兩種,[6] 第一種是總統選舉的參選人數,對於國會有效政黨數目造成的影響。政黨可以在總統選舉推出候選人來提升知名度,進而使政黨在國會選舉中獲得更多的選票。因此,總統選舉的參選人數愈多,國會政黨體系的分裂程度愈高(Golder, 2006)。總統選舉的參選人數還受到總統選舉制度的影響,目前民主國家的總統選舉制度,大致可以分為相對多數決制以及二輪決選制。相對多數決制是以得票最高的候選人當選,二輪決選制則是先進行第一輪投票,如果沒有候選人得票超過半數,就會由第一輪投票當中,獲得第一、第二高票的候選人進入第二輪投票,在第二輪投票獲得較高票的候選人為當選者。[7] 如果總統選舉制度採用二輪投票制,會有更多候選人參與選舉,原因是各政黨或候選人期望在第一輪選舉中向選民推銷自己的政治訴求。王業立(2016:56)統計了全世界總統制和半總統制國家的總統選舉制度後,發現 78% 的國家採用二輪決選制,20% 的國家採用相對多數決制,顯示大多數的國家採用二輪投票制。

　　第二種總統選舉對於國會政黨體系的影響機制,是選舉時程的效果,當中包含總統選舉和國會選舉的先後次序,以及

總統選舉和國會選舉的時間間隔長度。在時間間隔長度方面，如果總統選舉和國會選舉的時間愈接近，總統選舉對於國會選舉的影響就愈大，兩種選舉同時舉行，總統選舉產生的效果最大，對於總統所屬的政黨就愈有利；反之，總統選舉距離國會選舉的時間愈長，總統選舉產生的效果就愈小，對於總統所屬的政黨就愈不利。在選舉的先後次序的影響上，Shugart 和 Carey（1992: 242-243）把總統、國會的選舉先後次序分為同時、蜜月期、反蜜月、期中、混合週期選舉。這些類型當中，**會產生衣尾效應的類型是同時選舉和蜜月期選舉**，蜜月期選舉表示國會選舉在總統上任後一年內舉行，這種情況對於總統及所屬政黨有利，例如法國總統密特朗於 1981 年上任後，隨即解散國會並重新選舉，使其所屬的社會黨獲勝。總統和國會同時選舉，則是對於提名主要總統候選人的政黨（通常是大黨）較為有利。

　　以上說明的是選舉制度對於政黨體系的影響，選舉制度在憲法上的意義是實現人民的參政權，選舉是擔任公職的途徑之一。不過並不是任何公民、政黨想要參與總統與國會選舉，透過登記就可以成為候選人或進入比例代表制的政黨名單。本書分析的三個國家皆對於總統、國會議員選舉設定門檻。未達到門檻的情況下，可能無法參與選舉，或無法分配席次，選舉門檻的難度也有可能影響政黨體系，後面的章節將會說明三個國家的選舉門檻。

　　綜合以上所述，國會選舉制度和總統選舉制度對於國會政黨體系有重要的影響，進一步影響一個國家的憲政運作。世界

各國的國會選舉制度相當多元，這一節的說明大部分集中在相對多數決制和比例代表制，雖然這兩種制度是世界上較多國家使用的制度，但台、日、韓卻不是使用這兩種國會選舉制度，所以本章接下來將要介紹三個國家採用的選舉制度。

貳、並立式混合制與單記非讓渡投票制　

　　民主國家的國會選舉制度種類繁多，不同的選舉制度產生不同的效果，由於各國的選舉制度種類繁多，王業立（2016）依照選舉制度的特性，把選舉制度先區分為多數決制、比例代表制、混合制三種，[8] 再進一步劃分這三種制度的次類型。混合制結合前兩種制度，選民在國會選舉的過程中，可以從兩種不同的選舉制度選出候選人。通常選民擁有兩種選票，第一票是選出投給選區的議員候選人，第二票是投給政黨。混合制國會議員有兩種產生方式，第一種議員來自各地的選區，通常是採用單一選區相對多數決制；另一種議員則是來自政黨名單，通常是採用政黨名單比例代表制。因此，混合制具備了單一選區相對多數決制和比例代表制的特徵。

　　以上說明只是混合制的基本定義，但各國的混合制計票方法並不相同，包含本書分析的三個國家，採用的混合制仍然有些許的差異，所以混合制的概念介紹至此還是相當模糊。混合制可以再區分為兩種類型，分別是並立式混合制（簡稱並立制）和聯立式混合制（簡稱聯立制）。在聯立制下，政黨最後在國會的總席次，是依照政黨名單比例代表制部分的得票比例

進行分配。並立制則是各黨選區選出的席次與政黨名單比例代表制所獲得的席次個別分開計算。圖 3-2 分別表示聯立制和並立制的計算過程。

　　國會選舉如果採用並立制，選民投票時可以分別投票給選區的候選人和政黨，選區通常採用單一選區相對多數決制，由最高票的候選人當選。在政黨票的部分，政黨在選舉前必須先提出一份排列候選人順序的政黨名單，政黨票則是經過結算後，各政黨按照政黨票的得票的比例進行席次的分配。並立制的總席次計算方式，是直接加總選區席次和政黨比例席次。聯立制與並立制的差異在總席次的計算，聯立制先計算各政黨在選區的當選人總數，再除以國會議員總人數，得到各政黨的選區議員比例。接著對照各政黨在政黨票的得票比例，如果選區議員的比例高於或等於政黨得票比例，則不會遞補國會議員；

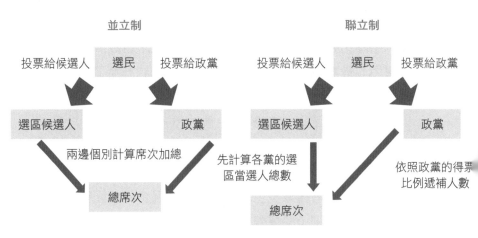

圖 3-2　並立制和聯立制的運作

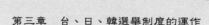

如果低於政黨票的得票比例，則按照政黨提供的名單，依序遞補，直到政黨的議員總數與政黨票的得票比例相等為止。

由以上的敘述可知，聯立制的計算方法偏向於比例代表制，因為不論各政黨在選區獲得席次的多寡，最後的總席次要依照政黨獲得的政黨比例得票來分配。所以比較不同國家之間聯立制產生的影響較為容易。並立制無法按照政黨比例得票或是區域的選票，來判斷政黨最後在國會獲得的席次，因為兩種選舉制度的席次計算彼此獨立。每個國家來自選區和政黨名單的國會議員，比例並不相同。仔細的觀察本書分析的三國所採行的並立式混合制，可以發現當中存在差異。例如在最近一次國會選舉中，台灣、南韓、日本來自比例代表制的國會議員，分別占總數的 30%、16%、37%。因此，單從國會議員總額中比例代表制部分的應選名額比例來看，三個國家的並立式混合制就已經不相同。甚至在同一個國家，並立式混合制的細部內涵在不同時期也會出現變化。如果無法得知選舉制度的細部規定，無法直接比較選舉制度產生的影響。

本書分析的三個國家，皆經歷過選舉制度的改革，在使用並立式混合制做為國會選舉制度之前，皆曾採用單記非讓渡投票制。在這種選舉制度中，選區的應選名額為複數，不論應選名額為若干，每個選民只能投一票，故稱「單記」；候選人則依得票高低按應選名額依序當選，且不論當選的候選人獲得多少選票，均不能將自己的選票讓渡給其他候選人，故稱「非讓渡」。 按照上述的三種選舉制度分類，Lijphart（1984）認為此種制度的政黨得票率頗接近政黨在國會中的席次比例，可以

被歸納在比例代表制的類型之下。

　　單記非讓渡投票制可能會增加部分政黨和候選人在競選過程的難度。在政黨競選過程的困難上，政黨的目標是獲得最多的席次。在這個前提之下，由於單記非讓渡投票制下各選區有二個以上的當選名額，當選名額愈多，就會增加政黨在提名過程的難度。Cox 和 Niou（1994）指出單記非讓渡投票制可能使政黨在提名過程發生三種失誤，分別是提名人數過多、提名人數過少、配票不均。政黨如果提名人數過多，可能使每個候選人獲得的選票減少，候選人落選的機率就會增加。政黨如果提名人數過少，儘管可以使該黨的候選人選票提升，當選機率增加，但多餘的選票原本可以使該黨在選區獲得更多席次，卻因選票集中於少數候選人而導致當選席次變少。配票不均是指選票集中於某幾個候選人，導致同黨其他候選人獲得的選票減少，因而落選，這有可能造成候選人在選舉過程中，需要面對黨內其他候選人的競爭，增加候選人競選的困難度。

　　以上說明的**提名失誤對於大黨的影響較大**，大黨在提名的過程中必須仔細評估政黨在選區內的得票多寡，再決定提名人數。**政黨提名後，還必須關注選區內的配票情況，避免選票集中在少數候選人，導致同黨的其他候選人落選。**大黨在計算可能的得票數後，也發展出配票策略來避免選票分配不均。[10] 對於小黨而言，提名過程的考量就較為容易。甚至無黨籍人士，只要能掌握一部分的選票，也可以在選區內取得席次。以小黨的提名策略來看，小黨在選區內可以專注於少數的席次，在選票集中的情況下，小黨的參選人便可當選，[11] 不容易出現杜瓦

傑法則當中的機械因素和心理因素。

關於選舉制度產生的影響，除了對於大黨或小黨是否有利的探討之外，學界還關心選票的集中程度，以及比例代表性。前一節已經說明選票集中程度的測量方法，也就是從國會有效政黨數目來判斷，當國會有效政黨數目愈少，表示選票愈向少數政黨集中。

參、我國選舉制度的運作

前一章已說明我國的憲政體制屬於半總統制，依照半總統制的兩個要件，憲政體制中須具有一個民選的總統，第二個要件是總理及其領導的內閣必須獲得國會多數的支持才能繼續在任，亦即內閣對國會負責。根據這個定義，半總統制國家的中央政府至少有兩種選舉，即總統選舉和國會選舉。以下將分別說明我國總統與立委選舉制度的演進以及選舉制度對於政黨體系的影響。

在 1947 年行憲後，我國總統是由國民大會代表選出，這個制度一直延續至國民政府遷台。在威權時期，由於國大代表大多為國民黨籍，且長年未改選，所以政府遷台後至 1996 年之間的總統選舉，僅有 1954 年出現二位總統候選人，[12] 其他七次總統選舉皆只有一位總統候選人，並未出現政黨之間的競爭。前一章已經提及，我國於 1994 年修改憲法，把總統選舉改為人民直選，同時也規定我國總統選舉制度採用相對多數決制，亦即獲得最高票的候選人即可當選，並於 1996 年實施。

制定全民直選的總統選舉制度後，我國未曾改變總統選舉制度、任期以及連任限制。

　　採用相對多數決制做為總統的選舉制度，其中一個缺點是總統可能沒有獲得過半數選民的支持，以及選票集中在少數政黨，所以僅有少數政黨有機會參與選舉並當選。[13] Linz（1990）對於總統制的其中一項批評是總統贏者全拿，總統在當選後，不需要與其他政黨或團體合作便可以獨攬行政權力。延續 Linz 對於總統制的批評再搭配相對多數決制的缺點，可能出現的狀況是一個掌握行政權力的總統並未獲得過半數民眾的支持，更容易發生政治衝突。不過我國從 1996 年以後的總統選舉結果來看，並不常出現這種狀況，僅有一次選舉出現總統選舉當選人獲得低於半數的選票，表 3-1 列出歷屆總統選舉當選人的得票率。

　　從歷屆總統當選人的得票結果看來，除了陳水扁在 2000 年沒有獲得半數以上選民的支持外，其他參選者在總統選舉投票當中，皆有獲得超過半數的選民支持，所以相對多數決制可能出現沒有過半選票之當選者的情況，在我國並不常見。另外，表 3-1 還列出歷屆總統選舉的有效候選人數，藉此來判斷

表 3-1　我國歷屆總統選舉當選者得票率

年度	1996	2000	2004	2008	2012	2016
當選者	李登輝	陳水扁	陳水扁	馬英九	馬英九	蔡英文
得票率	54%	39.3%	50.1%	58.4%	51.6%	56.1%
有效候選人數	2.71	2.9	1.9	1.9	2.1	2.3

資料來源：中選會選舉資料庫、筆者自行整理。

總統選舉的選票集中程度。有效候選人數愈多，表示選票愈不集中。在我國總統開始直選後，前兩次選舉的有效候選人數較多，這表示前兩次選舉的選票集中程度，較後來的總統選舉低許多，這意味著我國剛開始進入總統選舉的階段，政黨之間的整合程度不高，或是小黨、獨立參選人本身認為有當選的機會，所以投入選舉的政黨或選人較多。經過兩次總統選舉後，政黨之間開始了解需要整合才能當選，選民也認為大黨以外的候選人當選機率不高，把選票轉移至大黨候選人，所以後來總統選舉的有效總統候選人數，低於前兩次總統選舉。

　　總統選舉制度除了相對多數決制外，另一種常被採用的制度是二輪投票制。這種制度是指總統選舉可能需要進行兩輪投票，首先進行第一輪投票，如果沒有候選人獲得超過半數的選票，那就再由第一輪獲得最高票以及次高票的兩個候選人進入第二輪投票，第二輪投票以獲得最高票者當選。由於第二輪投票僅剩下兩位候選人，二輪投票制的優點是避免當選者未獲得過半數選民的支持，強化了權力正當性。但我國目前仍採用相對多數決制做為總統選舉制度，王業立（2016：55-56）整理了相對多數決制適用於總統選舉的優點，包含我國的各級地方行政首長選舉皆使用相對多數決制、兩輪決選制可能不符合人民的習慣、二輪決選制增加選務負擔和社會動員、第一輪領先者若在第二輪失利將會引起極大爭議、第二輪對決選舉可能引發族群對立。因此，在我國目前的修憲議題當中，修改總統選舉制度還不是主要的討論議題。

　　除了總統選舉制度可能影響參選人數外，總統副總統選

舉罷免法所規定的參選資格,也可能會影響參選人數。因為總
統參選資格的要求愈高,成為參選人就愈困難,一些非民主國
家可以藉由提高參選資格來限制公民參選。依照總統副總統選
舉罷免法,要成為總統候選人必須透過政黨推薦或公民連署,
推薦總統候選人的政黨必須在前一次總統或立委選舉獲得全
國 5% 以上的選票,才有資格推薦總統候選人。如果候選人未
獲得政黨推薦,則必須透過公民連署才能參選。表 3-2 列出歷
年總統選舉當中,有資格推薦候選人之政黨。雖然我國在內政
部登記的政黨超過二百個,但僅有少數的政黨可以推薦總統候
選人,其他政黨的人士如果想要參選總統,就必須透過公民連
署。擬透過公民連署的參選人須於繳交連署保證金 100 萬元
後,於四十五日內取得最近一次立委選舉之選舉人總數 1.5%
之連署,才能登記為總統候選人。[14] 以上的規定可能增加了小
黨或獨立候選人參選的難度。

　　以上說明的是我國的總統選舉制度,接著要說明的是我
國的國會選舉制度。我國在舉行全民可參與的總統選舉制度之
前,就已經開始進行立委選舉,但並非行憲之後便開始定期舉

表 3-2　我國歷年總統選舉具有推薦候選人資格的政黨

選舉年份	1996	2000	2004	2008	2012	2016
有資格推薦總統候選人的政黨	國民黨 民進黨 新黨	國民黨 民進黨 新黨	國民黨 民進黨 親民黨 台灣團結聯盟	國民黨 民進黨 親民黨 台灣團結聯盟	國民黨 民進黨	國民黨 民進黨 親民黨 台灣團結聯盟

資料來源:中央選舉委員會選舉資料庫、筆者自行整理。

行立委選舉，中間經過一些波折。我國立委選舉制度的變遷從民主化開始至今，可以分為兩個階段，第一階段始於立委全面改選；第二階段是立委選舉制度改為並立式混合制後至今。

在立委選舉制度變遷的第一階段方面，主要是把所有的立委改為全民選舉產生。行憲後，立委選舉自國民政府遷台後，由於大法官釋字第 31 號解釋宣告第一屆立委得繼續行使職權，因而沒有定期舉行立委選舉，僅有少數的增額立委是人民選舉產生。[15] 1987 年解嚴後，要求政治改革的聲浪不斷提升。1990 年 3 月，國民大會通過延長國大代表任期，引發學生抗議並發動野百合學運。當時政府在學運的壓力下，於 1991 年廢止動員戡亂時期臨時條款，並於 1992 年底舉行立委的全面改選。1992 年底開始定期舉行的立委選舉主要是以單記非讓渡投票制選出，直到 2008 年立委選舉才改變選舉制度。在 2008 年選舉改制之前，每屆立委大約 75% 的立委來自複數選區單記非讓度投票制，來自政黨比例名單代表制的立委大約在 22% 左右。[16]

1992 年至 2004 年之間的立委選舉，每三年舉行一次。當時立委選舉制度為單記非讓渡投票制，亦即選區內有兩個以上的席次。雖然有一些人口較少的選區只有一個當選者，屬於相對多數決制，但由於大多數立委來自於單記非讓渡投票制的複數選區，所以我國的國會選舉制度被歸納在此種類型之下並無太多爭議。以 1992 年的立委選舉為例，在 161 席的所有應選名額當中，36 席來自全國不分區，[17] 有 5 席來自應選名額只有 1 席的選區，[18] 剩下的 120 位候選人都是來自單記非讓渡投票

制的複數選區。此次選舉的結果,國民黨獲得過半數的席次,民進黨也獲得三成左右的席次。爾後的選舉在應選總額上略有調整,表 3-3 列出歷屆立法院選舉的選制組成情況。

接下來 1995 年的立委選舉,部分國民黨員脫黨成立新黨,並參與此次選舉。國民黨仍然取得過半數的席次優勢,席次比例卻減少,選票的集中程度也減少。1998 年立委選舉,國民黨持續獲得過半數的席次。至 2001 年立委選舉,此次選舉與之前相比,有幾個不同之處,首先是沒有政黨獲得過半數的席次,政府如果想在立法院通過法案,就需要政黨之間的合作。第二是民進黨成為立法院的第一大黨。自 1992 年立法院全面改選後,國民黨一直是立法院的第一大黨。此次選舉,部分國民黨員加入新成立的親民黨或台聯,使國民黨不但失去過半數的優勢,席次也落後民進黨而淪為第二大黨。2004 年的立委選舉,民進黨和國民黨的席次增加,親民黨的席次則是明

表 3-3　來自不同選制之立委的比例 (我國)

		選制			總數
		選區 (多人當選)	選區 (1 人當選)	比例代表[21]	
年度	1992	120 (74.5%)	5 (3.1%)	36 (22.3%)	161
	1995	123 (75%)	5 (3%)	36 (21.9%)	164
	1998、2001、2004	172 (76.4%)	4 (1.7%)	49 (21.7%)	225
	2008、2012、2016	6 (5.3%)	73 (64.6%)	34 (30%)	113

資料來源:中選會選舉資料庫、王業立 (2016:100)。

顯減少。

　　回顧我國立委選舉制度採用單記非讓渡投票制的時代，雖然對於大黨而言，提名過程的難度較高，不過如果估票、配票精準，大黨仍然能維持優勢，加上這種制度有利於地方派系動員，對於剛興起的政黨也可以在選區內部贏得少數的席次（王業立，2016：100-101）。

　　我國國會選舉制度改革的第二階段，則是在全部的立委都已改為全民直選後，再更改選舉制度的細部內容，可分為幾個部分。第一是把區域選區的選舉制度由單記非讓渡投票制改為相對多數決制，亦即改革後，地方選區只有一個當選者。第二個部分是減少立委總數，由 225 席減少至 113 席，減少了半數的總席次。[19] 第三部分是更改立委任期，把原本的任期延長一年，所以接下來立委選舉的時間間隔由三年改為四年，且立委選舉與總統選舉於同一年舉行。改變選制的議題可以追溯至 1995 年，當時的行政院長連戰已提出改變選制的想法，但當時朝野對於改變選制的具體方向並無定論。2000 年的總統選舉後，當時民進黨成為執政黨，卻無法在國會獲得過半數的席次，造成行政機關施政遭遇重重阻攔，國會選制改革的議題再度被重視。2004 年林義雄提出的國會改革方向，獲得總統陳水扁的支持。2004 年立法院通過修憲草案，2005 年選出任務型國大，在國民黨和民進黨的支持下，通過選制改革的修憲案，立委選制改為單一選區兩票制，並將席次減半，自 2008 年開始實施。

　　由於改變選舉制度與立委總額，立委選區也需要重新劃

分。選制改變對於政黨產生幾個影響，首先是 2008 年的立委選舉，距離立法院全面改選以及民主化已超過十年，從政人士或政黨已在選區經營許久，可能在某些區域擁有優勢，選區重新劃分可能使現有的優勢出現改變；第二是新的選舉制度在選區只有一個當選者，所以政黨內部與政黨之間在提名的階段需要整合或協調，避免選票被分散。另外，立委的總數減半，換句話說，在當時至少有一半的現任立委無法連任，政黨內部也必須協調候選人。

　　表 3-3 是我國 1992 年立法院全面改選以來，來自不同選舉制度的立委比例。在立委選制改變後，以單一選區相對多數決制選出的區域立委，比例從 1.7% 大幅提升至 64.6%，總共有 73 席立委來自於單一選區；透過政黨名單比例代表制選出的全國不分區立委，由 21.7% 提升至 30%，總共有 34 位委員，全國為一個選區； 單記非讓渡投票制選出的立委比例，由 74.6% 大幅降低至 5.3%，僅剩下 6 席原住民立委採用單記非讓渡投票制。表 3-4 呈現的是我國立委選舉採行並立式混合制以來的歷次選舉結果。

　　表 3-5 是比較我國立委選舉制度改革前後的國會有效政黨數目，使用變異數分析。改革前的五次選舉，平均國會有效政黨數目是 2.91，選制改變後的國會有效政黨數目為 2.05。改革後的有效政黨數目較少，且有顯著的差異。表示選制改革後，選舉制度促使選民把選票集中在少數政黨，或是政黨之間開始出現結盟或合併，[25] 因而導致國會有效政黨數目減少。

表 3-4 我國採行並立制以來的歷次立法院選舉結果

選舉時間 （總席次）	獲得國會席次的政黨 （席次數／席次率）		國會有效政黨 數目
2008.1（113 席）	• 中國國民黨	（81 席／71.7%）	1.73
	• 民主進步黨	（27 席／23.9%）	
	• 無黨團結聯盟	（ 3 席／2.7%）	
	• 親民黨	（ 1 席／0.9%）	
2012.1（113 席）	• 中國國民黨	（64 席／56.6%）	2.23
	• 民主進步黨	（40 席／35.4%）	
	• 台灣團結聯盟	（ 3 席／2.7%）	
	• 親民黨	（ 3 席／2.7%）	
	• 無黨團結聯盟	（ 2 席／1.8%）	
2016.1（113 席）	• 民主進步黨	（68 席／60.2%）	2.18
	• 中國國民黨	（35 席／31.0%）	
	• 時代力量	（ 5 席／4.4%）	
	• 親民黨	（ 3 席／2.7%）	
	• 無黨團結聯盟	（ 1 席／0.9%）	

表 3-5 我國選制改變的國會有效政黨數目比較

案例數		平均				
改制前	改制後	改制前	改制後	平均差	F	P-value
5	3	2.91	2.05	0.86	9.17	0.02

Levene's Test: 0.34
資料來源：筆者自行整理。

肆、日本選舉制度的運作

日本的憲法規定天皇為國家元首，天皇為世襲制，所以日本的憲政運作當中，中央層級僅有國會選舉，沒有行政首長的選舉，不過日本的國會為兩院制，分為參議院和眾議院，兩院的議員皆是人民直選產生。前一章已經提及，戰後的日本首

相大多數來自眾議院，首相上任前的授權投票需要經過兩院的同意，如果兩院的意見不一致，以眾議院的決議為主，且只有眾議院能針對首相提出不信任案。由上述可知，在兩院當中，眾議院的權力較大。以下將分別介紹眾議院和參議院的選舉制度。

現代日本的國會選舉源自於明治維新後開始舉行的下議院選舉。當時日本的上議院議員由貴族擔任，僅有下議院的議員由人民直選產生，當時便開始使用單記非讓渡投票制作為下議院的選舉制度。二次世界大戰後，日本眾議院繼續沿用單記非讓渡投票制，每個選區有兩個以上的當選者，直到 1990 年代才開始改革實施已久的選舉制度。日本眾議院選舉改革源自於 1980 年代及 1990 年代初期，自民黨爆發一連串政治醜聞，加上一些自民黨人士出走另組政黨，使自民黨在 1993 年的眾議院選舉無法取得過半數的席次。此次選舉後，由新黨的細川護熙擔任首相，並推動眾議院國會選舉制度改革，此次改革堪稱是日本在戰後最大幅度的選舉制度改革。

選制改革的內容主要是將單記非讓渡投票制改為並立式混合制，在新的選制之下，眾議員總數為 500 人，其中 300 人來自單一選區，採用單一選區相對多數決制。另外 200 人來自於政黨名單比例代表制，採用頓特（d'Hondt）最高平均數法分配席次，政黨名單比例代表制部分還分為 11 個選區（McNelly, 2003: 283），[26] 這種情況與我國和韓國的比例代表制不相同，我國和韓國的比例代表制皆是全國為一個選區。[27] 值得注意的是，日本眾議院採行並立式混合制之後，單一選區相對多數決

制與政黨名單比例代表制選出的國會議員在名額比例上曾有多次調整。[28] 表 3-6 列出 1996 年日本實施混合式並立式混合制至今，來自不同選制的國會議員名額與比例。

　　在選舉門檻方面，不同於我國和南韓的選舉制度，日本選舉制度中的政黨名單比例代表制部分並未規定「當選門檻」，但有規定「參選門檻」。政黨必須具備以下三項條件之一，才有參加政黨比例代表制選舉的參選資格：1. 該黨所屬國會參、眾兩院議員合計達 5 人以上；2. 最近一次眾議院或參議院選舉，全國得票率達 2% 以上；3. 在本次選舉各比例代表制選區政黨所提候選人名冊，其候選人數可達各該選區應選名額 20%以上。符合上述參選資格的政黨，不論得票高低，皆能根據其所獲得的第二票得票率分配政黨比例代表制部分的席次。

　　雖然日本在 55 年體制期間，大多數時間為自民黨一黨獨大，但並不表示眾議院的政黨席次分布較為集中。表 3-7 呈現的是日本選舉制度改革後的歷次選舉結果，表 3-8 列出的則是

表 3-6　來自不同選制之國會議員的比例　（日本）

		選制		總數
		選區 （單人當選）	比例代表	
年度	1996	300（60%）	200（40%）	500
	2000、2003、2005、 2009、2012	300（62.5%）	180（37.5%）	480
	2014	295（62.1%）	180（37.8%）	475
	2017	289（62.1%）	176（37.8%）	465

資料來源：Inter-Parliamentary-Union (2017).

日本選舉制度改革前後，國會有效政黨數目的比較。改制前的平均國會有效政黨數目為 2.91，改制後的平均國會有效政黨數目為 2.54，改制前、後的平均數有顯著的差異。顯示日本國會

表 3-7　日本採行並立制以來的歷次眾議院選舉結果

選舉時間 （總席次）	獲得國會席次的政黨 （席次數／席次率）	國會有效政黨 數目
1996.10 （500 席）	• 自由民主黨　（239 席／47.8%） • 新進黨　　　（156 席／31.2%） • 民主黨　　　（ 52 席／10.4%） • 日本共產黨　（ 26 席／5.2%） • 社會民主黨　（ 15 席／3.0%） • 先驅新黨　　（ 2 席／0.4%）	2.93
2000.6 （480 席）	• 自由民主黨　（233 席／48.5%） • 民主黨　　　（127 席／26.5%） • 公明黨　　　（ 31 席／6.5%） • 自由黨　　　（ 22 席／4.6%） • 日本共產黨　（ 20 席／4.2%） • 社會民主黨　（ 19 席／4.0%） • 保守黨　　　（ 7 席／1.5%）	3.17
2003.11 （480 席）	• 自由民主黨　（237 席／49.4%） • 民主黨　　　（177 席／36.9%） • 公明黨　　　（ 34 席／7.1%） • 日本共產黨　（ 9 席／1.9%） • 社會民主黨　（ 6 席／1.3%） • 新保守黨　　（ 4 席／0.8%）	2.50
2005.9 （480 席）	• 自由民主黨　（296 席／61.7%） • 民主黨　　　（113 席／23.5%） • 公明黨　　　（ 31 席／6.5%） • 日本共產黨　（ 9 席／1.9%） • 社會民主黨　（ 7 席／1.5%） • 國民新黨　　（ 4 席／0.8%） • 新黨日本　　（ 1 席／0.2%） • 新黨大地　　（ 1 席／0.2%）	2.27

表 3-7　日本採行並立制以來的歷次眾議院選舉結果（續）

選舉時間 （總席次）	獲得國會席次的政黨 （席次數／席次率）	國會有效政黨 數目
2009.8 （480 席）	• 民主黨　　　（308 席／64.2%） • 自由民主黨（119 席／24.8%） • 公明黨　　　（ 21 席／4.4%） • 日本共產黨（ 9 席／1.9%） • 社會民主黨（ 7 席／1.5%） • 眾人之黨　　（ 5 席／1.0%） • 國民新黨　　（ 3 席／0.6%） • 新黨日本　　（ 1 席／0.2%） • 新黨大地　　（ 1 席／0.2%）	2.11
2012.12 （480 席）	• 自由民主黨（294 席／61.3%） • 民主黨　　　（ 57 席／11.9%） • 日本維新會（ 54 席／11.3%） • 公明黨　　　（ 31 席／6.5%） • 眾人之黨　　（ 18 席／3.8%） • 日本未來黨（ 9 席／1.9%） • 日本共產黨（ 8 席／1.7%） • 社會民主黨（ 2 席／0.4%） • 新黨大地　　（ 1 席／0.2%） • 國民新黨　　（ 1 席／0.2%）	2.45
2014.12 （475 席）	• 自由民主黨（291 席／61.3%） • 民主黨　　　（ 73 席／15.4%） • 維新黨　　　（ 41 席／8.6%） • 公明黨　　　（ 35 席／7.4%） • 日本共產黨（ 21 席／4.4%） • 社會民主黨（ 2 席／0.4%） • 生活黨　　　（ 2 席／0.4%） • 次世代黨　　（ 2 席／0.4%）	2.41
2017.10 （465 席）	• 自由民主黨（284 席／61.1%） • 立憲民主黨（ 55 席／11.8%） • 希望之黨　　（ 50 席／10.8%） • 公明黨　　　（ 29 席／6.2%） • 日本共產黨（ 12 席／2.6%） • 日本維新會（ 11 席／2.4%） • 社會民主黨（ 2 席／0.4%）	2.48

表 3-8　日本國會有效政黨數目在選制改革前後的比較

案例數		平均				
改制前	改制後	改制前	改制後	平均差	F	P-value
19	8	2.91	2.54	0.37	4.91	0.03

Levene's Test: 0.842

資料來源：Bormann and Golder (2013); Inter-Parliamentary-Union (2017) 、筆者
　　　　自行整理。

選舉改制後，選票更向少數政黨集中，原因是過去單記非讓渡投票制的比例性較高，小黨能獲得較多的席次。

　　並立式混合制選舉制度表示國會議員有來自至少兩種不同的選舉制度，我國、南韓、日本皆採用此選舉制度做為國會選舉制度，不過日本的眾議院選舉制度還有另一個特色。日本眾議院選舉允許政黨將其所提名的區域選區候選人同時列為政黨比例代表制的候選人，這種「雙重候選制度」在採行混合制的國家並不算少見（南韓、德國皆有此制），參照 Huang、Kuo和 Stockton（2016: 33）整理的資料，日本的自民黨、民主黨這兩個主要政黨當中，有超過九成的候選人屬於重複提名，所以重複提名在日本是常見的現象。但特別的是，日本不僅允許雙重候選，還允許將雙重候選的參選人列為政黨名單中的同一順位。若政黨在比例代表選區所能獲得的席次足夠達到該順位，列為相同順位的候選人，如果未能在單一選區中獲勝，則將由各候選人在單一選區中獲得的票數，除以該選區當選者的票數以計算出所謂的「惜敗率」（first loser margin），由同一順位之候選人中「惜敗率」最大者「復活」當選。[29] 這種允許

候選人列名於同一順位的「惜敗率」制度在全世界相當罕見。

　　最後，在眾議院的任期方面。日本憲法規定每屆眾議員的任期最長為 4 年，但這個規定是最長任期，首相可以隨時向天皇提出解散國會的建議。由於天皇並沒有實權，不會否決首相的建議，所以在實際的運作上，首相可以隨時解散國會，使眾議院提前改選。前一章也已經說明，眾議院提前改選在日本的政治運作是常見的現象，第四章還會說明提前改選的影響。相較於日本的眾議員沒有固定任期，**南韓國會議員、日本參議員就有固定任期，國會無法提前被解散，並定期舉行選舉**。我國的憲法規定立法院通過行政院長的不信任案後，總統可以解散立法院並舉行提前選舉，在憲政制度上我國的國會議員任期仍保有彈性，但實際上並未發生允許總統解散立法院的前提，所以立法院也沒有提前被總統解散。

日本京都街上的候選人競選海報。

　　接著要說明的是日本參議院的選舉制度。首先在任期方面，不同於眾議院，日本參議員有固定的任期，參議員的任期為六年，每三年改選半數的議員。**參議院無法針對總理提出不信任案，首相也無法解散參議院。**目前的參議院選舉制度，選民可以投兩票，分別投票給候選人和政黨，但參議院選舉的混合制不同於眾議院的選舉制度。第一個不同之處是選舉時程方面，由於參議員有固定任期，所以參議院的選舉是定期舉行，不會出現提前選舉。依照現行的參議院選舉制度，參議院總共有 242 位議員，其中 146 位議員來自地方選區，每三年改選73 位議員；96 位議員來自全國性的政黨名單比例代表制，每三年改選 48 位議員。第二個不同之處是參議院是以各都道府縣為地方選區，每個選區應選名額 1-6 名。在應選名額為一席的地方選區，選舉制度為單一選區相對多數決制；[30] 在應選名額 2-6 名的地方選區，選舉制度則為單記非讓渡投票制。[31] 第三個不同之處是參議院選舉的政黨名單比例代表制部分是以全國為選區，而非如同眾議院有 11 個比例代表制選區。而且參議院在 2000 年以後改採開放式政黨名單比例代表制，眾議院則是一直使用封閉式政黨名單比例代表制（見圖 3-3）。

　　如同眾議院的選舉制度經歷過改革，參議院的選舉制度也曾出現數次修訂。參議院第一次民選是二次世界大戰後，於 1947 年舉行。總共 250 位參議員，150 位來自 46 個地方選區，每個地方選區的當選人數為 2-8 人，所以當時參議院地方選區的選舉制度為單記非讓渡投票制。剩下 100 位來自全國選區，也是採用單記非讓渡投票制，由得票最多的前 100 名候選

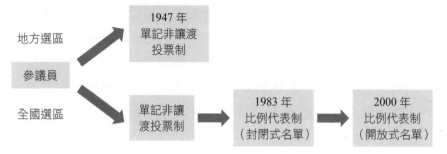

圖 3-3　日本參議院選舉制度的變遷

人當選。另外，由於參議院每三年要改選半數的議員，所以在第一屆民選的參議院選舉中，各選區的當選者，依照得票數，把半數的參議員歸為上位當選者，他們的任期為六年；剩下的參議員為下位當選者，他們的任期為三年，這些議員在三年之後就要面臨改選。

　　觀察當時的參議院選舉制度，實際上是兩種單記非讓渡投票制結合而成的混合制。接下來幾次的參議院選舉制度改革，[32] 主要是針對地方選區的重劃，以及當選人數的調整。1983 年的參議院選舉出現較大幅度的改革，全國選區改用政黨名單比例代表制，採用頓特最高平均數法進行選票的分配。透過此次改革，共有 100 位參議員來自比例代表制，152 位參議員來自地方選區。自 2001 年的參議院選舉開始，政黨名單比例代表制改為開放式名單。

　　封閉式和開放式政黨名單的不同之處，是名單上候選人的先後次序是否在選民投票前就已經確定。封閉式名單是政黨提供比例代表制的名單，候選人在名單的順序已經確定。選舉結

束後，依照選票決定各政黨能夠分配的席次數目，再按照先前
政黨提供的順序名單決定當選者。開放式名單則是指政黨提供
比例代表制的名單，但名單上候選人的順序尚未確定。選民在
投政黨票時，不但要選擇政黨，同時還要選擇政黨內部的其中
一位候選人。選後分配各黨席次的過程中，先依照政黨的得票
比例來決定政黨獲得的席次，再依照候選人的得票數來決定候
選人在政黨名單的順序，得票數愈高的候選人，在名單內的順
序就愈前面，愈有機會當選。[33]

　　因此，在參議員開放式名單的比例代表制當中，名單內
的候選人仍然要各自爭取選民的支持，才能提升自己的名單順
位。再對照眾議員比例代表制的惜敗率制度以及我國、南韓的
封閉式比例代表制名單。可以得知日本參、眾議院的比例代表
制，候選人仍然需要為個人爭取更多的選票，以增加當選機
會，但我國和南韓的比例代表制，候選人僅需要為政黨、而不
需要為自己爭取更多的選票。

伍、南韓選舉制度的運作

　　南韓中央政府層級的選舉包含總統選舉和國會選舉，兩種
選舉都經歷選舉制度的改變，以下分別介紹總統選舉和國會選
舉。在民主化之前，南韓的總統選舉制度曾經歷數次改變，從
直接選舉轉變為間接選舉，再轉變為直接選舉。最後一次改變
總統選舉制度在 1987 年，起初執政黨不願意改變總統選舉制
度，但受到反對運動的影響，執政黨決定順應民意。同年 10

月，國會通過修憲決議並交付全民公投，修憲後第一次總統選舉於 1987 年 12 月舉行，南韓也進入第六共和。在此之前，南韓曾有數次人民直選的總統選舉，選舉制度皆是採用相對多數決制，所以民主化之後的南韓總統選舉制度，其實是延續先前的選舉制度。

　　南韓第六共和的總統選舉制度與我國相同，採用相對多數決制，也就是只有一輪投票，得票數最高者當選。前一節提及，這種選舉制度的優點是選舉期間較短，但缺點是總統當選人可能沒有獲得過半數的選票支持，進而造成未來執政後的民主正當性不足，並因此引發政治衝突。表 3-9 列出南韓歷任總統當選者得票率以及有效候選人數。

　　南韓總統選舉當選者的得票比例，僅 2012 年選舉的朴槿惠獲得過半數選民的支持，其他當選者均未獲得過半數的得票率。另外在有效總統候選人方面，自第六共和第一次選舉至 2002 年，有效候選人數目不斷下降，顯示政黨或候選人不斷進行整合。例如 1990 年的三黨合併，原本三個偏向於保守派

表 3-9　南韓第六共和歷屆總統選舉當選者得票率

年度	1987	1992	1997	2002	2007	2012	2017
當選者	盧泰愚	金泳三	金大中	盧武鉉	李明博	朴槿惠	文在寅
得票率	36.6%	41.9%	40.2%	48.9%	48.4%	51.5%	41.08%
有效候選人數	3.41	3.11	2.86	2.18	3.00	2.01	3.52

資料來源：Nohlen, Grotz, and Hartmann (2001); Republic of Korea National Election Commission (2017).

的政黨 —— 民主正義黨、重新統一民主黨和新民主共和黨於 1987 年各自提名總統候選人，1990 年合併成為一個政黨 —— 民主自由黨，1992 年總統選舉該黨當然僅提名一位候選人，因此有效候選人數略微下降。

　　本書分析的三個案例當中，我國和南韓有總統直選的制度，且皆採用相對多數決，沒有二輪投票。比較南韓和我國的總統選舉情況，在當選人的得票率方面，我國曾舉行六次總統直選，僅一次出現當選者無法獲得過半數選票。南韓舉行七次總統選舉，僅一次出現當選者獲得過半數的選票。因此，就相對多數決制適用在總統選舉而言，南韓比較容易顯示出相對多數決的缺點。另外，就有效候選人數而言，南韓的有效候選人數高於我國的有效候選人數，這顯示我國總統選舉的選票較為集中。其中的原因可能是我國的憲法規定允許總統連任一次，所以我國的總統選舉可能有現任總統參選，此時有現任者優勢，因而選票較為集中。南韓的憲法不允許總統連任，所以總統選舉不會出現擁有現任者優勢的參選者，總統選舉的選票可能因此較為分散。

　　除了影響總統選舉的有效候選人數外，總統無法連任也有可能造成總統和政黨之間的關係較為薄弱，使政黨體系容易發生重組。Samuels 和 Shugart（2010）研究內閣制的總理和總統制的總統後，發現相較於總統制下的總統，內閣制下總理與政黨之間的關係較為緊密，原因是總理執政必須獲得國會當中的政黨支持執政，所以總理必須選擇與部分政黨的立場較為接近，才能獲得政黨的支持。但總統依靠政黨的程度較低，總

南韓總統候選人文在寅的造勢集會。

統選舉獲勝需要獲得人民的支持，所以總統可能淡化自己的立場以吸引最多的選票。在總統無法連任的情況下，每個參與總統選舉的人士都不是現任者，較不容易受到執政黨的影響。以南韓的三位自由派總統為例，三位總統當中，金大中和盧武鉉在上任後，脫離原有的政黨再創立新政黨，2017 年當選總統的文在寅，其所屬的政黨創立於 2014 年，屬於較新的政黨。相較於我國和日本的主要政黨皆長期存在，且能獲得穩定的席次，南韓的政黨體系較容易發生重組。

　　南韓的國會選舉制度目前採用並立式混合制，如同現在的我國和日本，一部分的國會議員來自單一選區相對多數決制，另一部分的議員採用政黨名單比例代表制。 但南韓比日本、我國更早採用這種選舉制度，最早於 1963 年的國會選舉，就

已經使用並立式混合制。不過南韓的國會選舉制度曾出現多次變動。第三共和期間，1963、1967、1971 年的國會選舉，三分之二的議員來自單一選區相對多數決制，三分之一的議員來自政黨名單比例代表制。南韓當初採用混合制的原因，是朴正熙希望其所屬的政黨在國會選舉獲得更多的席次（Lee, 2006: 58-60）。當時選民在國會選舉的過程中只能投一票，比例代表制的選票計算方式，是根據各政黨的區域候選人得票加總所計算出的得票率，來分配席次。由於區域選舉採用單一選區相對多數決制，選民較有可能把選票投給大黨的候選人，連帶地也會增加大黨的得票率，所以大黨在比例代表制分配席次也具有優勢。[35]

　　第四共和的國會選舉制度出現改變，雖然可以被歸類在混合制，不過與現在的混合制並不相同。1973、1979 年的國會選舉，有三分之二的議員來自選區，每個選區可選出兩位議員，所以可以被歸類為單記非讓渡投票制，另外三分之一的議員由總統任命（Yang, 1994），因此，第四共和的國會選舉制度對於總統較為有利，總統可以指定與自己政治立場相近的人擔任國會議員，當時的南韓並不屬於民主政體。第五共和的國會選舉制度再次更改，當時有三分之二的國會議員來自選區，每個選區可以選出兩位議員，三分之一的議員來自比例代表制。這段期間的選舉制度，已經接近後來的混合制。第六共和於 1988 年成立之後，國會選舉制度改變為現在使用的混合制，每四年舉行一次國會選舉，但單一選區相對多數決制與政黨名單比例代表制選出的國會議員在比例上曾有多次調整。表

3-10 列出 1988 年之後，南韓的混合制當中，來自不同選制的比例。

　　南韓的政黨名單比例代表制部分的當選門檻曾出現改變，自 1992 年的國會選舉開始，參與選舉的政黨必須在比例代表制獲得 3% 以上的選票，或是擁有 5 席區域選出的國會議員，[36]才可以參與比例代表制的席次分配。在此之前，南韓的政黨必須有 5 席區域選出的國會議員，才能分配比例代表制的席次。表 3-11 呈現的是南韓採行並立式混合制以來的歷次國會選舉結果。

　　南韓在民主化後，並未經歷選舉制度的改革，一直維持混合制。但是國會議員的總數，以及兩種不同選制的議員比例，皆有小幅的變動。來自政黨名單比例代表制的國會議員，比例

表 3-10　來自不同選制之國會議員的比例（南韓）

| | | 選制 | | 總數 |
		選區（單人當選）	比例代表	
年度	1988	224（74.9%）	75（25%）	299
	1992	237（79.2%）	62（20.7%）	299
	1996	253（84.6%）	46（15.3%）	299
	2000	227（83.1%）	46（16.8%）	273
	2004	243（81.2%）	56（18.7%）	299
	2008	245（81.9%）	54（18%）	299
	2012	246（82%）	54（18%）	300
	2016	253（84.3%）	47（15.6%）	300

資料來源：Croissant (2002); Inter-Parliamentary-Union (2017).

表 3-11　南韓採行並立制以來的歷次國會選舉結果

選舉時間 （總席次）	獲得國會席次的政黨 （席次數／席次率）		國會有效政黨 數目
1988.4 （299 席）	• 民主正義黨 • 和平民主黨 • 統一民主黨 • 新民主共和黨	（125 席／41.8%） （ 70 席／23.4%） （ 59 席／19.7%） （ 35 席／11.7%）	3.31
1992.4 （299 席）	• 民主自由黨 • 民主黨 • 統一國民黨 • 新政治改革黨	（149 席／49.8%） （ 97 席／32.4%） （ 31 席／10.4%） （ 1 席／0.3%）	2.37
1996.4 （299 席）	• 新韓國黨 • 新政治國民會議 • 自由民主聯合 • 統一民主黨	（139 席／46.5%） （ 79 席／26.4%） （ 50 席／16.7%） （ 15 席／5.0%）	2.83
2000.4 （273 席）	• 大國家黨 • 新千年民主黨 • 自由民主聯合 • 民主國民黨	（133 席／48.7%） （115 席／42.1%） （ 17 席／6.2%） （ 2 席／0.7%）	2.39
2004.4 （299 席）	• 開放我們的黨 • 大國家黨 • 民主勞動黨 • 新千年民主黨 • 自由民主聯合	（152 席／50.8%） （121 席／40.5%） （ 10 席／3.3%） （ 9 席／3.0%） （ 4 席／1.3%）	2.36
2008.4 （299 席）	• 大國家黨 • 民主統合黨 • 自由先進黨 • 親朴聯盟 • 民主勞動黨 • 創造韓國黨	（153 席／51.2%） （ 81 席／27.1%） （ 18 席／6.0%） （ 14 席／4.7%） （ 5 席／1.7%） （ 3 席／1.0%）	2.46
2012.4 （300 席）	• 新國家黨 • 民主統合黨 • 統合進步黨 • 自由先進黨	（152 席／50.7%） （127 席／42.3%） （ 13 席／4.3%） （ 5 席／1.7%）	2.28

表 3-11　南韓採行並立制以來的歷次國會選舉結果（續）

選舉時間 （總席次）	獲得國會席次的政黨 （席次數／席次率）		國會有效政黨 數目
2016.4 （300 席）	• 共同民主黨 • 新國家黨 • 國民之黨 • 正義黨	（123 席／41.0%） （122 席／40.7%） （ 38 席／12.7%） （ 6 席／2.0%）	2.85

有下降的趨勢。日本的眾議員總數則是逐步下降，從 1996 年的 500 席降至 2017 年的 465 席；來自政黨比例名單的議員，由 40% 微降至 37.8%。南韓和日本的憲法均未針對國會的議員人數與選舉制度做出規範，而是授權以法律定之，[37] 所以南韓與日本改變選舉制度較為容易，變動的頻率較高。

陸、結語

　　本章探討了台、日、韓的選舉制度，尤其是這三個國家共同採行的國會選舉制度 —— 並立式混合制。前文曾經提及，並立式混合制僅表示國會議員來自兩種不同的選舉制度，並未涵蓋兩種制度的比例，以及選舉制度的細部內容，所以在比較選舉制度的影響之前，必須先釐清並立式混合制的具體內容，再做進一步的比較。本章分析的三個國家當中，不但三個國家的並立式混合制不完全相同，也可以得知在同一個國家內部，改革前後的不同制度可能都被稱為混合制，但並非相同的混合制。

　　本章的第一個重點是介紹選舉制度的相關理論，以及三個

國家的選舉制度。無論在何種民主國家憲政制度，皆有國會議員代表民意，選舉制度是選票轉換為席次的機制，換句話說，各政黨在國會的席次多寡，取決於選舉制度。選民在不想浪費自己選票的情況下，會依照選舉制度來決定投票的對象，選舉制度本身也可能把得票數較少的政黨排除在國會之外。所以台灣、日本、韓國在民主化之後，皆有出現修改選舉制度的記錄，各政黨無非是想透過修訂選舉制度，來增加本身在國會的席次。

　　第二個重點是並立式混合制的運作過程。雖然本章分析的三個國家，目前使用的國會選舉制度皆可被歸納為並立式混合制，但三個國家的選舉制度並不是完全相同。首先是比例代表制的計票方式，台灣和韓國曾經使用單一選票，也就是選民只能投票給候選人，最後再根據各政黨的候選人得票總和來分配席次。後來台灣、南韓的國會選舉制度改為兩票制，選民可以分別投票給候選人和政黨，日本眾議院的選制，從單記不可讓渡制改為並立式混合制後，就採用兩票制。接著是比例代表制的選區，日本眾議院的比例代表制包含 11 個選區，每個選區獨立計算席次分配，台灣和韓國的比例代表制則是全國單一選區。

　　最後是比例代表制的人數比例以及國會議員的總數，本章整理了三國的並立式混合制，發現三個國家當中，日本的國會議員來自比例代表制的比例最高，即便比例有往下調整，但目前仍占 37.5%。南韓的國會議員來自比例代表制的比例最低。第六共和初期，來自比例代表制的議員人數為 25%，後來逐步

下修至 15.6%。南韓與日本的比例代表制選出議員的比例，經常出現變動。相較之下，我國的變動次數較少，其中的原因可能是因為我國的國會議員總數，以及來自不同選制的比例，均由憲法加以規範。如果我國想要修改國會議員總數，或不同選制的比例，必須透過修憲。在廢除國民大會後，我國的修憲程序更加困難。另外，我國的公職人員選舉罷免法也規定每 10 年檢討一次選區的劃分，所以我國的選舉制度相較於南韓和日本，不常出現變動。

　　根據以上的說明，雖然台灣、日本、韓國皆採用並立式混合制做為國會選舉制度，但細部的運作內容卻不相同。本章也分別整理了三個國家，國會選舉制度的變化過程，並列表比較其中的變化。

註解

1. 在這個公式當中，P_i 表示政黨在國會的席次比例。這種測量方法，在統計上的意義是測量類別資料的離散程度，並不是代表實際的政黨數目。此公式還可以用來計算選舉當中選票集中於候選人或政黨的程度（若 P_i 表示候選人或政黨在選舉中的得票率）。

2. 即使是相同的憲政體制，搭配不同的政黨體系，也會有不同的運作模式，進一步影響政局的穩定。有關憲政體制與不同政黨體系搭配後的情況，參見蘇子喬（2010）。

3. 例如在某個選區內，有 A、B 兩個政黨在競爭，另一個選區則是 C、D 兩個政黨在競爭，這樣不會形成兩黨制。換句話說，杜瓦傑並未說明在多個選區的情況下，最後選區兩黨制演變成全國性兩黨制的原因。

4. 半總統制國家可以再區分為不同的次類型，某些次類型之下，總統可以直接影響國家的政策，某些半總統制次類型是由總理主導政策。

5. 衣尾效應是指總統選舉對於國會選舉的影響，如果政黨參與總統選舉，在選舉的過程中將會提升政黨的知名度，或是政黨的黨員當選總統，可以分配行政資源使政黨獲得更多的支持度，進而政黨在國會選舉的得票數，下一章將會針對相關理論做介紹。

6. 以下僅對於總統選舉的影響做粗略的介紹，下一章對此將有更詳細的說明。

7. 由於二輪決選制最後的當選者，必須獲得超過半數以上的得票率，所以又稱為絕對多數決制。

8. 這只是初步的區分，三種類別還可以再細分為不同的選舉制度，詳細的選舉制度介紹可參考王業立（2016）。

9. 政黨名單比例代表制的每個選區也會有 2 位以上的候選人當選，

但政黨當選席次是因得票比例計算，而非依多數決的方式決定當選者。而且在封閉式政黨名單比例代表制下，選民無法投票給個別候選人，只能投票給政黨，所以政黨比例代表制與單記非讓渡投票制仍有差異。

10. 1995 年的立委選舉，民進黨在台北市為了避免配票不均，導致候選人落選，首創「四季紅」配票方法，呼籲選民依照出生季節，分別把票投給民進黨在台北市南區提名的四位候選人。當年台北市南區的立委選舉當中，民進黨提名的四位候選人皆當選。

11. 例如日本的 55 年體制期間，由於自民黨獨大，社會民主黨或公明黨便採用這種提名策略，在各選區提名少數候選人，集中選票使候選人能順利當選。

12. 1954 年的總統選舉中，參選人除了蔣中正之外，還有另一位參選者徐傅霖（中央選舉委員會，1987）。

13. Cox（1997）認為選民會根據選舉的情勢進行策略性投票，所以選票會集中在 M+1 個候選人，M 表示應當選的席次。把這個理論應用在總統選舉當中，總統選舉只有一個當選者，所以選票會集中於二個候選人。

14. 在 2000 年總統選舉中，脫離國民黨的宋楚瑜和脫離民進黨的許信良係以公民連署方式取得總統候選人資格。而在 2012 年總統選舉中，親民黨主席宋楚瑜由於親民黨在前一次（2008 年）立委選舉並未獲得 5% 的得票率，因此宋楚瑜當時也是以公民連署方式取得總統候選人資格。

15. 我國自 1969 年首度舉行增額立委選舉以來，至 1992 年立法院全面改選為止，分別在 1969 年、1972 年、1975 年、1980 年、1983 年、1986 年、1989 年總共舉行了七次增額立委選舉。

16. 王業立（2016：108）認為當時我國的立委選舉制度亦為混合制，但與其他混合制不同的是，選民只能投一票，其他混合制則允許選民分別投票給候選人和政黨。另外，我國的選舉制度不允許選

區候選人同時名列於政黨比例代表制的名單當中。

17. 全國不分區屬於政黨名單比例代表制，政黨提供名單順序，全國為一個選區。按照全國的得票率超過 5% 的政黨，以嘿爾基數（Hare quota）為準的尼邁耶（Niemeyer）最大餘數法進行分配。

18. 在選區應選名額只有 1 席的情況下，表示只有 1 個當選者，等同於單一選區相對多數決制。這 5 個選區都是人口較少的選區，分別是嘉義市、台東縣、澎湖縣、金門縣、連江縣。

19. 立法委員總席次是否需要減少，是一個爭議性的議題。贊成減半是以林義雄等人為首，其認為立法委員人數過多，且部分的委員表現不佳，如果能減少立法委員的席次，可以提升立法委員的素質。不過從人數比例以及立法院運作的觀點來看，彭錦鵬（2001）比較台灣與歐美國家的國會議員總數以及人口數後，發現 225 席立委相較於台灣的人口總數，比例並未偏高，且總席次減少後，可能出現少數委員壟斷委員會的情況。

20. 政黨名單比例制的全國得票率必須達到 5% 的政黨，才能分配政黨名單比例代表制部分的席次。

21. 2004 年以前的立委選舉，僑選立委與不分區立委分別規定應選名額，僑選立委也是使用政黨名單比例代表制來分配席位，與不分區立委分屬不同政黨名單。2008 年採行並立式混合制後，僑選立委與不分區立委不再分別規定應選名額，一般即以全國不分區立委稱之。

22. 1998 年立委總人數增加後，嘉義市選區的應選席次由 1 人增至 2 人。

23. 此屆立委人數大幅增加，是受到廢除國民大會代表的影響。廢除國民大會後，台灣的憲政運作變成單一國會，所以也跟著增加立法委員總數。

24. 山地原住民和平地原住民立委應選名額各 3 席，總共 6 名立委以單記非讓渡投票制選出，以全國為選區。

25. 例如原本屬於親民黨的立委加入國民黨。

26. 11 個比例代表制選區分別是北海道（目前應選名額 8 席）、東北（13 席）、北關東（19 席）、東京都（17 席）、南關東（22 席）、北路信越（11 席）、東海（21 席）、近畿（28 席）、中國（11 席）、四國（6 席）、九州（20 席）。

27. 我國的比例代表制選區，依照中華民國憲法增修條文第 4 條規定為全國不分區，所以僅有全國一個選區。根據南韓的選舉法第 20 條，國會選舉的比例代表制部分亦是全國為一個選區。

28. 日本眾議院總額之所以會縮減席次，是為了改善各選區選票不等值的問題。由於日本各單一選區的選舉人數相差甚多，最多達 2.43 倍（亦即選票的最大價值差為 2.43 倍），最高法院於 2011 年 3 月做出判決宣告眾議院選區劃分方式處於「違憲狀態」，要求國會修法儘速改善。2013 年 3 月，日本「眾議院選區劃分審議會」向安倍內閣提出了選區劃分方案，建議選區重劃並縮減單一選議席，根據新的選區劃分方案，每張選票的最大價值差將縮小至 1.999 倍，這是現行選舉制度下首次將差距控制在兩倍以下。安倍內閣隨後於 4 月向國會提出涵蓋上述方案的「公職選舉法」修正案並獲通過。在新的選區劃分方案中，山梨、福井、德島、高知、佐賀五縣的單一選區數目皆由 3 席減少為 2 席，故全國單一選區的總額由 300 席縮減 5 席至 295 席。2016 年 7 月，基於同樣的理由，國會又再度修正「公職選舉法」，三重縣、熊本縣、鹿兒島縣三縣的單一選區數目由 5 席減少為 4 席，青森、岩手與奈良三縣的單一選區數目由 4 席減少為 3 席，故全國單一選區的總額由 295 席縮減 6 席至 289 席，政黨名單比例代表制總額也由 180 席縮減至 176 席，故眾議院總席次縮減為 465 席。

29. 例如某黨的單一選區有甲、乙、丙三個候選人，同時列名在該黨比例代表選區政黨名單的第二順位，若該黨在該比例代表選區所獲得的選票足夠當選兩席，而甲在單一選區當選、乙、丙在單一

選區落選，則列名於第二順位的乙、丙兩人則以惜敗率高低來決定誰能「敗部復活」。假若乙在單一選區獲得的票數為 6 萬票，該單一選區當選人的票數為 10 萬票，則乙的惜敗率為 60%（6 萬／10 萬）；丙在單一選區的票數為 8 萬票，該單一選區當選人的票數為 16 萬票，則丙的惜敗率為 50%（8 萬／16 萬）。儘管乙的得票數較少，但惜敗率較高，故由乙獲得該第二順位的席次而當選。

30. 參議院的每個選區至少有 2 名以上的議員，但是參議院每三年改選半數的議員，所以部分只有 2 名議員的選區，參議員選舉就僅有 1 位當選者，形成單一選區相對多數決。

31. 以 2016 年參議院選舉為例，在地方選區應選總名額 73 席中，應選名額 1 人的選區有 32 個，應選名額 2 人的選區有 4 個，應選名額 3 人的選區有 5 個，應選名額 4 人的選區有 3 個，應選名額 6 人的選區有 1 個。

32. 參見日本參議院網站：http://www.sangiin.go.jp/japanese/san60/s60_shiryou/senkyo.htm#genko

33. 其他採取開放式名單的國家以及相關介紹，可參見王業立（2016：30）。

34. 在 2008 年之前，南韓的國會選舉不是兩票制。選民只能投一票給候選人，再根據每個政黨所提名候選人獲得的得票比例來分配政黨名單比例代表制部分的席次。

35. 雖然我國在 2008 年以前，也曾經採用一票混合制做為國會選舉制度，但我國區域立委的選制是單記非讓渡投票制，選票不一定集中在大黨，所以在比例代表制的分配階段對於大黨不一定有利。

36. 南韓選舉法第 189 條。

37. 南韓憲法第 41 條、日本憲法第 47 條。

第四章

台、日、韓混合式選制在不同憲政體制下的政治效應

- 壹、混合式選制在不同憲政體制下塑造的政黨體系
- 貳、混合式選制在不同憲政體制下形成的政府型態
- 參、混合式選制在不同憲政體制下造成的選民投票行為
- 肆、結語

　　雖然台、日、韓目前的國會選舉制度皆是並立式混合制，但這三國的憲政體制各有不同：**日本是內閣制，南韓是總統制，我國則是半總統制**。由於台、日、韓憲政體制的差異，三個國家的並立式混合制在不同的憲政體制下可能分別展現出不同的政治效應。首先，由於南韓總統制與我國半總統制下總統由人民直選產生，日本內閣制下則無總統直選，總統直選的有無可能會影響並立式混合制對於政黨體系的形塑作用。第二，南韓總統制與我國半總統制下總統與國會選舉時程的差異，以及日本內閣制下內閣擁有主動解散國會權的制度設計，可能會影響並立式混合制對政黨體系的形塑作用。第三，在台、日、韓不同的憲政體制下，三個國家的並立式混合制分別形成了不同的政府型態。第四，在三個國家不同的憲政體制下，並立式混合制對於選民投票行為（包括投票與否與投票抉擇這兩個層面）的影響也可能各有不同。

　　本章將分為四節，第一節討論並立式混合制在不同憲政體制下塑造的政黨體系，探討上述第一、二點議題；第二節討論並立式混合制在不同憲政體制下形成的政府型態，探討上述第三點議題；第三節討論並立式混合制在不同憲政體制下造成的選民投票行為，探討上述第四點議題；第四節結論則總結本章的研究發現。

壹、混合式選制在不同憲政體制下塑造的政黨體系

　　一個國家的國會政黨體系不僅受到國會選舉制度直接影

響，也可能受到憲政體制間接影響。**憲政體制影響國會政黨體系的主要機制有二，一是總統直選制度，二是選舉時程。**首先，就總統直選制度而言，在總統制與半總統制國家，由於總統由人民直選產生，國會政黨體系除了受國會選舉制度影響，亦可能受總統選舉制度影響；在內閣制國家，由於沒有總統直選的制度設計，國會政黨體系自然不會受到總統選舉制度影響。其次，就選舉時程而言，在總統制與半總統制國家，國會政黨體系可能會受到總統與國會兩者間選舉時程安排的影響；而在沒有總統直選的內閣制國家，若內閣擁有主動解散國會的權力導致國會選舉時間不固定[1]，也可能對國會政黨體系造成影響。以下就這兩項憲政體制影響國會政黨體系的機制進一步說明。

(一) 總統直選制度對政黨體系的影響

政治學中眾所皆知的**杜瓦傑法則**（Duverger's Law）指出，**單一選區相對多數決制傾向形成兩黨制**（Duverger, 1954: 224-226; 1986: 70）。儘管此一因果關係的真確性至今仍受到不少學者的質疑和討論，但從世界各國的實際經驗來看，單一選區相對多數決制本身基於其比例性偏差的特質，很明顯地對大黨有利，而不利於小黨的生存，因此，此種選舉制度與兩黨制的形成之間確實密切相關（蘇子喬，2010：47）。

至於並立式混合制，由於單一選區部分（第一票）與比例代表部分（第二票）的選票分別計算，互不影響，亦是一種對小黨不利的選舉制度。儘管並立式混合制因為有政黨比例代

表制部分的席次，使小黨仍有若干生存空間，但由於單一選區部分的席次勢必由大黨囊括絕大多數席次，小黨在單一選區部分難以獲得席次，**因此並立式混合制原則上仍是一種對大黨有利的選舉制度**。具體而言，此種制度對大黨有利的程度，取決於單一選區名額占國會總名額的比例，亦即單一選區占國會總名額的比例愈高，對大黨愈有利。就日本、南韓與我國採行的並立式混合制而言，單一選區的名額皆占國會總名額的一半以上，因此就整體而言，即便小黨在比例代表部分仍有機會獲得若干席次，而不致完全沒有生存空間，但並立式混合制應會形成兩大黨競爭的基本格局（蘇子喬，2010：47-48）。總之，並立式混合制雖然不見得會塑造標準的兩黨制，但大抵會形成「兩大黨與若干小黨並存」（two-plus）的政黨體系。

然而，民主國家在中央層級由人民直選的公職人員，除了國會議員之外，也可能有總統。在僅有國會議員選舉，而無總統直選的內閣制國家，政黨體系的制度成因乃是國會選舉制度；但在國會議員與總統皆由人民直選產生的總統制與半總統制國家，政黨體系往往是國會選舉制度與總統選舉制度共同塑造的結果（蘇子喬，2012：36）。事實上，除了國會選制之外，**總統直選制度的有無，亦有可能對政黨體系造成影響**。有學者指出，總統由人民直選產生的國家，國會政黨數會比沒有設置總統職位或總統非人民直選產生的國家來得少。這是因為總統選舉乃是單一職位的選舉，在應選名額只有一席而非複數名額的選舉中，擁有較多人力物力的大黨勢必會比勢單力薄的小黨更有機會奪取這唯一的總統職位。且在總統由人民直選的

國家，總統選舉往往是決定執政權歸屬的選舉，相較於國會選舉通常更受人民重視，大黨通常可挾其在總統選舉的優勢，拉抬自己政黨在國會選舉中的聲勢，使自己政黨在國會中得到更多的席次。相形之下，在總統選舉中幾無當選機會的小黨由於無法成為鎂光燈焦點，可能連帶地對小黨在國會選舉中的選情造成不利的影響（Epstein, 1967; Lijphart, 1994: 131；王月玫，1998：25）。事實上，總統由人民直選產生的國家乃屬於總統制與半總統制國家，未設置總統職位或總統非人民直選產生的國家則屬於內閣制國家。因此，上述論點亦可轉換成：在總統制與半總統制國家，由於總統選舉對於政黨數目有壓縮的作用，使得這兩種憲政體制的國家，國會政黨數目會少於內閣制國家。易言之，不僅國會選制會影響政黨體系，憲政體制也會影響政黨體系（蘇子喬，2012：40）。

就國會選制同樣採行並立式混合制的日本、南韓與我國而言，憲政體制為內閣制的日本無總統直選，憲政體制為總統制與半總統制的南韓與我國則有總統直選制度，且總統選舉制度皆為相對多數決制。一個值得探討的問題是，日本、南韓與我國政黨體系的不同樣貌，除了可能是因為這三個國家並立式混合制的國會選制制度內涵各有差異所造成，是否也可能是因為受到總統直選制度的影響？相較於僅有國會選舉而無總統選舉的日本，在具有國會與總統選舉的南韓與我國，國會選制與總統選制對政黨體系的綜合影響為何？這是本節擬探討的問題。

若將我國與日本相互比較，可以看到總統統直選對政黨體系可能造成的影響。在我國，2004 年立委選舉仍採行單記非

讓渡投票制，當時選後的國會有效政黨數目且為 3.70。2008
年立委選舉改採並立式混合制，選後的國會有效政黨數目便急
速縮小至 1.73，2012 年與 2016 年立委選舉後的國會有效政黨
數目則分別是 2.23 與 2.18。[2] 就此看來，我國立委選舉採行
的並立式混合制對於國會政黨數目的壓縮效果相當明顯，幾乎
是「一步到位」將我國政黨體系塑造為兩黨制。在日本，1993
年眾議院選舉最後一次採行單記非讓渡投票制，當時選後的國
會有效政黨數目為 4.18，而日本自 1996 年眾議院選舉改採並
立式混合制，至今已舉行了八次眾議院選舉，而這八次眾議院
選舉之後的國會有效政黨數目，分別是 2.93（1996 年）、3.17
（2000 年）、2.50（2003 年）、2.27（2005 年）、2.11（2009
年）、2.45（2012 年）、2.41（2014 年）、2.48（2017 年）。
在此可以看出，日本的選舉制度改革的確發揮了壓縮政黨數目
的作用，但日本的並立式混合制並非「一步到位」地將政黨體
系塑造為兩黨制，而是以漸進的方式形塑兩黨制。

　　我國與日本的國會議員選制改革皆是由單記非讓渡投票制
改為並立式混合制，且在兩國並立式混合制的選舉制度中，單
一選區相對多數決制的名額占總名額的比例相近，理論上兩國
並立式混合制對於國會政黨體系應該會有類似的塑造效果，但
為何我國政黨體系走向兩黨制的步伐會比日本來得更快？一個
可能的原因，是因為我國在 2008 年 1 月立委選舉首次採行並
立式混合制時，隨後在 3 月即將舉行總統選舉，當時立委選舉
幾乎可說是總統選舉的前哨戰；在 2012 年 1 月與 2016 年 1 月
則是立委與總統同時選舉。於是，在立委選舉中，不論是國民

黨或民進黨，為了因應隨即到來或同時舉行的總統大選，均戮力整合泛藍與泛綠陣營各自的勢力基礎，因此絕大多數選區遂形成兩黨候選人對決的局面。簡言之，我國立委選舉與總統選舉共同營造了兩黨對決的局面，並立式混合制的立委選制與相對多數制的總統選制共同壓縮了小黨的生存空間。相對地，憲政體制為內閣制的日本僅有國會選舉而無總統選舉，不像我國有總統與國會選舉兩種選舉制度共同壓縮小黨的生存空間，因此日本並立式混合制塑造兩黨制的效果不如我國明顯。[3]

　　我們若同時觀察我國、日本與南韓三個國家採行並立式混合制後的國會有效政黨數目，也可看出總統選舉對於國會有效政黨數目的影響。南韓自 1988 年國會選舉改採並立式混合制以來，至今已舉行了八次國會選舉，而這八次國會選舉之後的國會有效政黨數目，分別是 3.31（1988 年）、2.37（1992 年）、2.83（1996 年 ）、2.39（2000 年 ）、2.36（2004 年 ）、2.46（2008 年）、2.28（2012 年）、2.85（2016 年）。由於 1988 年國會選舉是南韓民主化後的首次選舉，各黨參選踴躍而顯現出百家爭鳴的情勢，致使該次選舉後國會有效政黨數目較多。若將該次選舉的國會有效政黨數目視為偏離值而不列入計算，其他七次選舉後國會有效政黨數目的平均值為 2.51。在我國，採行並立式混合制以來三次選舉後國會有效政黨數目的平均值為 2.05。至於日本，該國採行並立式混合制以來八次選舉後國會有效政黨數目的平均值則為 2.54，該數值大於南韓與我國的數值。就此看來，在無總統直選的日本，其國會有效政黨數目整體而言大於有總統直選的南韓與我國，這似乎顯示了總統直

選對於國會有效政黨數目具有一定的壓縮效果。[4]

(二) 選舉時程對政黨體系的影響

　　在既有國會議員選舉又有總統直選的總統制與半總統制國家中，除了可以觀察總統直選制度對政黨體系的影響，亦可觀察總統與國會的「選舉時程」（the timing of election）對政黨體系可能造成的影響。關於選舉時程的分類，大致可分為以下四種：1. 是同時選舉，指總統與國會選舉同一天舉行；2. 是蜜月期選舉，指總統選舉後不久所舉行的國會選舉；3. 是反蜜月期選舉，指總統選舉前不久所舉行的國會選舉；4. 是期中選舉，指與總統選舉相隔甚久所舉行的國會選舉。

　　一般認為，選舉時程對於政府型態具有重要影響：同時選舉與蜜月期選舉較容易形成一致政府（即總統與國會多數一致），這是因為在這兩種選舉時程下，選情領先的總統候選人或當選人通常能發揮「衣尾效應」（coattail effect）[5]，有利選情領先的總統候選人（或當選人）所屬政黨在國會選舉中的選情，使得總統與國會多數趨於一致。相反地，期中選舉下較容易形成分立政府（即總統與國會多數不一致）。這是因為在期中選舉下，總統已就任一段時間，施政爭議通常難以避免，而期中選舉提供了選民藉由選票對總統施政表達不滿的機會，而傾向將國會議員的選票投給非總統黨籍的政黨，導致總統所屬政黨容易敗選，使得總統與國會多數趨於不一致。至於反蜜月期選舉，一般認為總統候選人的衣尾效應不如同時選舉與蜜月期選舉，因此，此種選舉時程形成分立政府的機會高於同時

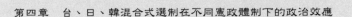

選舉與蜜月期選舉，不過反蜜月期選舉若與緊接下來的總統選舉時間非常接近，形成一致政府的機會也不小。就此看來，總統候選人或當選人所發揮的衣尾效應由強至弱依序是「同時選舉與蜜月期選舉」＞「反蜜月期選舉」＞「期中選舉」。

　　我們可以從上述關於選舉時程對於政府型態的影響，進一步推論選舉時程對政黨體系可能造成的影響。由於總統選舉為單一職位的選舉，因此必然是有利於大黨的選舉；而總統候選人或當選人所能發揮的衣尾效應愈強，一方面愈容易形成一致政府，另一方面則愈有利於大黨，從而使得國會有效政黨數目愈少。簡言之，**衣尾效應愈強，國會有效政黨數目愈少**。衣尾效應由強至弱如前所述依序既然是「同時選舉與蜜月期選舉」＞「反蜜月期選舉」＞「期中選舉」，則國會有效政黨數目多寡的排序應為「期中選舉」＞「反蜜月期選舉」＞「同時選舉與蜜月期選舉」。

　　我們可以上述推論為基礎觀察日本、南韓與我國的實際情況。我國與南韓既有總統直選亦有國會選舉。我國立委選舉於2008年採行並立式混合制後，立委任期改為與總統一致，皆為四年。我國至今三次採行並立式混合制的立委選舉中，2008年的立委選舉是反蜜月期選舉（總統選舉於兩個月後舉行），該次立委選舉後的國會有效政黨數目為1.73；2012年與2016年的立委選舉則是同時選舉，這兩次立委選舉後的國會有效政黨數目分別是2.23與2.18，平均值為2.21。因此我國在不同選舉時程的國會有效政黨數目為「同時選舉（2.21）＞反蜜月選舉（1.73）」，與一般推論國會有效政黨數目應會形成「反

蜜月期選舉＞同時選舉」的預期並不一致。為何我國的實際經驗不符合關於國會有效政黨數目的一般推論，是未來研究可以進一步探討的議題。

在南韓，國會任期為四年，總統任期為五年。觀察 1988 年國會選舉採行並立式混合制以來的選舉時程，若以一年為界定蜜月期、反蜜月期與期中選舉的標準，則如表 4-1 所示，1988 年的國會選舉是蜜月期選舉（與前次總統選舉相隔四個月），1992 年的國會選舉是反蜜月期選舉（與下次總統選舉相隔八個月），1996 年的國會選舉是期中選舉（與前次總統選舉相隔三年四個月），2000 年的國會選舉是期中選舉（與前次總統選舉相隔兩年四個月），2004 年的國會選舉是期中選舉（與前次總統選舉相隔一年四個月），2008 年的國會選舉是蜜月期選舉（與前次總統選舉相隔四個月）、2012 年的國會選舉為反蜜月期選舉（與下次總統選舉相隔八個月），2016 年的國會選舉為期中選舉（與前次國會選舉相隔三年四個月）。

在南韓過去這八次國會選舉中，除了 1988 年選舉是南韓民主化的首次選舉而參選爆炸，該次選舉的數值應可視為偏離值而不列入觀察之外，共有四次期中選舉、兩次反蜜月期選舉以及一次蜜月期選舉。四次期中選舉後國會有效政黨數目分別是 2.83（1996 年）、2.39（2000 年）、2.36（2004 年）、2.85（2016 年），平均值為 2.61；兩次反蜜月選舉後國會有效政黨數目分別是 2.37（1992 年）與 2.28（2012 年），平均值為 2.33；唯一一次蜜月期選舉的國會有效政黨數目為 2.46

表 4-1　南韓的選舉時程與政府型態

總統（選出時間）	國會（選出時間）	政府型態	總統與國會多數之情況
盧泰愚（1987.12）		一致政府	總統與國會多數皆屬民主正義黨
	13 屆國會（1988.4）	分立政府	總統屬民主正義黨，國會各黨不過半
	蜜月期選舉	分立政府	總統屬民主正義黨，國會各黨不過半
金泳三（1992.12）	14 屆國會（1992.4）反蜜月期選舉	一致政府	總統與國會多數皆屬民主自由黨
	15 屆國會	分立政府	總統屬民主自由黨，國會各黨不過半
金大中（1997.12）	（1996.4）期中選舉	分立政府	總統屬新政治國民會議，國會各黨不過半
	16 屆國會（2000.4）	分立政府	總統屬新千年民主黨，國會各黨不過半
盧武鉉（2002.12）	期中選舉	分立政府	總統屬新千年民主黨，國會各黨不過半
	17 屆國會（2004.4）期中選舉	一致政府	總統與國會多數皆屬開放我們的黨
		分立政府	總統屬大國家黨，國會多數為開放我們的黨
李明博（2007.12）	18 屆國會（2008.4）蜜月期選舉	一致政府	總統與國會多數皆屬大國家黨
		一致政府	總統與國會多數皆屬新國家黨
朴槿惠（2012.12）	19 屆國會（2012.4）反蜜月期選舉	一致政府	總統與國會多數皆屬新國家黨
	20 屆國會	分立政府	總統屬新國家黨，國會各黨不過半
文在寅（2017.5）	（2016.4）期中選舉	分立政府	總統屬共同民主黨，國會各黨不過半

（2008 年）。因此，南韓在不同選舉時程的國會有效政黨數目為「期中選舉（2.61）＞蜜月期選舉（2.46）＞反蜜月期選舉（2.33）」，與一般推論國會有效政黨數目應會形成「期中選舉＞反蜜月期選舉＞蜜月期選舉」的預期並不完全一致。不過，從南韓的案例中，至少可以證實的是，在各種不同的選舉時程中，期中選舉下的國會有效政黨數目確實是最多的。

　　另外，就採行內閣制的日本而言，由於沒有直選的總統，固然不存在總統與國會選舉時程的安排問題，但在選舉時間方面仍有一個值得觀察的焦點。由於日本內閣制中首相有權力主動解散國會，因此國會選舉並非定期舉行。我們可以問的是，在日本國會選舉採行並立式混合制的經驗中，當首相在社會各界毫無預期的情況下提前解散國會舉行「突襲性選舉」（例如 2005 年小泉純一郎與 2014 年安倍晉三提前解散國會）[6] 下所呈現的政黨體系，是否與社會一般普遍預期下舉行國會選舉所呈現的政黨體系有所不同？一個初步的推論是，當首相在社會各界無預期的情況下解散國會，由於在野主要政黨與各小黨皆未進行選舉的準備，其選舉表現會比一般情況來得差，能夠獲得的國會席次應該會較少；相反地，執政黨則傾向選擇對自己相對有利的時機解散國會，故表現通常較佳。因此，整體而言，在社會各界原先無預期而提前解散國會重新選舉的情況下，各政黨獲得的席次差異應會較一般情況來得懸殊，從國會中的有效政黨數目應該會較少。

　　我們可以觀察日本的實際經驗是否符合上述推論：在日本過去採行並立式混合制的八次眾議院選舉中，2005 年與 2014

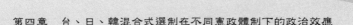

這兩次眾議院選舉，是在社會各界無預期的情況下由首相提前解散眾議院而舉行。2005 年 9 月舉行的眾議院選舉距離前一次選舉（2003 年 12 月舉行）僅相隔一年九個月，2014 年 12 月舉行的眾議院選舉距離前一次選舉（2012 年 12 月舉行）亦相隔不到兩年。由於日本眾議院的法定任期為四年，一般情況在國會任期過半後，社會各界即會開始揣測首相解散國會重選的時間。但是 2005 年與 2014 年選舉乃是在眾議院任期尚未過半即由首相宣布解散而舉行，超出社會各界的預期。這兩次「突襲性選舉」之後的國會有效政黨數目分別是 2.27（2005 年）與 2.41（2014 年），平均值為 2.34。至於在其他六次社會各界預期中所舉行的眾議院選舉後，國會有效政黨數目分別是 2.93（1996 年）、3.17（2000 年）、2.50（2003 年）、2.11（2009 年）、2.45（2012 年）、2.48（2017 年），平均值為 2.61。就此看來，日本的實際經驗符合前述推論，亦即**無預期提前改選下的國會有效政黨數目會小於預期改選下的國會有效政黨數目**。

貳、混合式選制在不同憲政體制下形成的政府型態

　　由於日本、南韓與我國分於屬於不同的憲政體制，這三個國家並立式混合制的國會選舉制度在不同的憲政體制下遂形成不同的政府型態。選舉制度、憲政體制與政府型態的關係如圖 4-1 所示：不同的選舉制度會塑造不同的政黨體系，而不同

的政黨體系與憲政體制搭配在一起，則會組合成不同的政府型態。本章將探討日本、南韓與日本並立式混合制的國會選舉制度所形成的政黨體系在不同的憲政體制下，呈現何種政府型態。

　　「政府型態」這個變項的類型區分，學界中不同論者的界定方式並不完全一致，為了避免造成討論上的混淆，有必要說明本章對於各種政府型態的界定方式。

　　在總統制的憲政體制中，若總統與國會多數一致，此種政府型態為「一致政府」；若總統與國會多數不一致，此種政府型態為「分立政府」；其次，在內閣制的憲政體制中，內閣由國會過半數的政黨或政黨聯盟組成本來就是內閣制政府組成的基本原則，此種常態性的內閣制政府型態為「多數內閣」，而「多數內閣」尚可分兩種類型：若此一多數內閣係由單一政黨組成，稱為「一黨內閣」；若是由兩個以上政黨組成，則稱為「聯合內閣」。但在內閣制的實際運作經驗中，仍有可能出現內閣並未掌握國會多數卻仍組成的情形，此種政府型態則為

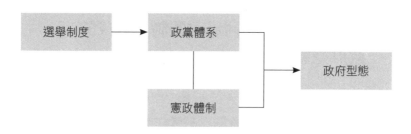

圖 4-1　選舉制度、政黨體系、憲政體制與政府型態之關係

資料來源：蘇子喬（2010：44）。

「少數內閣」（蘇子喬、王業立，2014：41）。

　　至於在半總統制這種混合內閣制與總統制精神的憲政體制中，存在著總統、內閣與國會的三角關係，情況較純粹的總統制與內閣制來得複雜。以下分別就總統與國會、內閣與國會、總統與閣揆之間的關係界定政府型態的名稱（參見圖 4-2）。

(一) 在半總統制中，總統與國會的關係

　　總統與國會係由人民分別選出，各有直接的民主正當性，彼此分立，此特徵與總統制中行政與立法分立的精神頗為一致，因此在本章的界定中，當半總統制中總統與國會多數一致時，稱為「一致政府」；若總統與國會多數不一致，則稱為「分立政府」（蘇子喬、王業立，2014：42）。

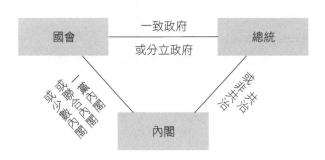

圖 4-2　半總統制下的政府型態

資料來源：蘇子喬、王業立（2014：42）。

（二）在半總統制中，內閣與國會的關係

內閣仍須對國會負責，此特徵與內閣制中行政與立法合一的精神頗為一致，因此在本章的界定中，當半總統制的內閣由國會多數陣營掌握時，稱為「多數內閣」；若此一多數內閣係由單一政黨掌握，稱為「一黨內閣」；若是由兩個以上政黨聯合組成，稱為「聯合內閣」。而在半總統制也可能發生內閣並非由國會多數陣營掌握的情形，此種政府型態稱為「少數內閣」（蘇子喬、王業立，2014：42）。

（三）在半總統制中，總統與閣揆的關係

總統與閣揆皆擁有行政權，存在著兩位行政首長，這種行政權二元化的現象是半總統制獨有的特徵，迥異於行政權一元化的內閣制與總統制。因為在內閣制中，係由閣揆擔任行政首長，身為國家元首的總統或君主為虛位元首；在總統制中，則由總統擔任行政首長，總統領導的內閣完全聽命於總統。在本章的界定中，**半總統制中當總統與閣揆分屬不同政治陣營時，稱為「共治」（cohabitation）；若總統與閣揆屬於同一政治陣營，則為「非共治」**（蘇子喬、王業立，2014：42）。

以下分別觀察日本、南韓與日本並立式混合制的國會選舉制度在不同憲政體制下所形成的政府型態。就日本而言（如圖 4-3 所示），自 1996 年採行並立式混合制以來，除了 1996 年與 2000 年這最初兩次選舉的國會有效政黨數目在 3.0 上下（1996 年為 2.93，2000 年為 3.17），之後每次選舉的國會有效政黨數目都在 2.5 以下，故並立式混合制已將日本的國會政

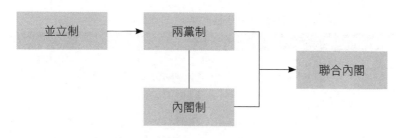

圖 4-3　日本並立制與內閣制組合下的政府型態

黨體系逐漸形塑成兩黨制。在 1996 年、2000 年與 2003 年這前三次採行並立式混合制的國會選舉後，由於國會最大黨自由民主黨未能獲得過半數席次，因此在內閣制的憲政體制下，須由自由民主黨與其他小黨共組聯合內閣，以掌握國會過半數的席次。值得注意的是，日本 2005 年之後的歷次國會選舉，隨著國會有效政黨數目的降低，國會最大黨（皆為自由民主黨，2009 年眾議院選舉後民主黨成為最大黨為唯一例外）皆能獲得國會過半數的席次，但日本的政府型態仍始終是聯合內閣而非一黨內閣。關於日本實施混合式並立制之後的政府型態與參與組閣的政黨，參見表 4-2。

　　為何在一黨過半的情況下，該黨仍會與其他政黨共組聯合內閣？主要原因是：在日本兩院制的國會制度下，法律案仍須國會兩院通過；若參議院不願通過眾議院通過的法案，眾議院若再經三分之二多數通過，亦始能擺脫參議院的牽制而成為正式法律。而日本自 1989 年至今，參議院即形成各黨不過半的格局，眾議院的最大黨即使過半，仍無法掌握參議院過半數的席次，這使得眾議院過半數的多數黨在組成內閣時，為了尋

表 4-2　日本採行並立制之後的首相與組閣之政黨

國會選舉時間	首相	組閣之政黨
1996.10	橋本龍太郎 （1996.1-1998.7） 小淵惠三 （1998.7-2000.4） 森喜朗 （2000.4-2000.7）	1. 自民黨（與社會黨、先驅新黨閣外合作）（1996.11-1998.7） 2. 自民黨（1998.7-1999.1） 3. 自民黨、自由黨（1999.1-1999.10） 4. 自民黨、公明黨、自由黨（1999.10-2000.4） 5. 自民黨、公明黨、保守黨（2000.4-2000.7）
2000.6	森喜朗 （2000.7-2001.4） 小泉純一郎 （2001.4-2003.11）	1. 自民黨、公明黨、保守黨（2000.7-2002.12） 2. 自民黨、公明黨、保守新黨（2002.12-2003.11）
2003.11	小泉純一郎 （2003.11-2005.9）	自民黨、公明黨
2005.9	小泉純一郎 （2005.9-2006.9） 安倍晉三 （2006.9-2007.9） 福田康夫 （2007.9-2008.9） 麻生太郎 （2008.9-2009.9）	自民黨、公明黨
2009.8	鳩山由紀夫 （2009.9-2010.6） 菅直人 （2010.6-2011.9） 野田佳彥 （2011.9-2012.12）	1. 民主黨、社民黨、國民新黨（2009.9-2010.6） 2. 民主黨、國民新黨（2010.6-2012.12）
2012.12	安倍晉三 （2012.12-2014.12）	自民黨、公明黨
2014.12	安倍晉三 （2014.12-2017.10）	自民黨、公明黨
2017.10	安倍晉三 （2017.10 至今）	自民黨、公明黨

資料來源：筆者自行整理。

求內閣提出的法案在參眾兩院皆能順利通過，會試圖在參議院形成多數聯盟，而會與在參議院中亦有席次的政黨共組聯合內閣。在少數情形下，當眾議院過半數的政黨無法在參議院與其他政黨形成多數聯盟時，則會與眾議院其他小黨共同組成超過眾院三分之二以上席次的聯合內閣，以擺脫參議院對眾議院可能造成的牽制。[7] 這是日本內閣制下即使單一政黨在眾議院過半仍會組成聯合內閣的主要原因。

就南韓而言（如圖 4-4 所示），自 1988 年採行並立式混合制至今的八次選舉中，除了有三次選舉的國會有效政黨數目超過 2.5（1988 年為 3.31，1996 年為 2.83，2016 年為 2.85），其他五次選舉的國會有效政黨數目皆在 2.5 以下，故並立式混合制在南韓大抵亦形成兩黨制（或至少是兩大黨為主的政黨體系）。而在南韓的總統制下，總統與國會任期並不一致，總統任期五年，國會任期四年，遂造成總統與國會新舊交錯的情形。當新選出的總統與既有的國會多數屬同一政黨，或新選出的國會多數與既有的總統屬同一政黨，即形成一致政府的政府型態，反之則形成分立政府的政府型態。如表 4-3 所示，在南

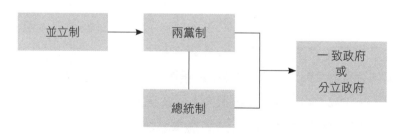

圖 4-4　南韓並立制與總統制組合下的政府型態

表 4-3　南韓第六共和歷次總統與國會選舉後的政府型態

選舉時間	總統當選人或 國會選舉後之最大黨	選後之政府型態
1987.12　總統選舉	盧泰愚（民主正義黨）	一致政府
1988.4　國會選舉	民主正義黨（未過半數）	分立政府
1992.4　國會選舉	民主自由黨（未過半數）	分立政府
1992.12　總統選舉	金泳三（民主自由黨）	一致政府
1996.4　國會選舉	新韓國黨（未過半數）	分立政府
1997.12　總統選舉	金大中（新政治國民會議）	分立政府
2000.4　國會選舉	新千年民主黨（未過半數）	分立政府
2002.12　總統選舉	盧武鉉（新千年民主黨）	分立政府
2004.4　國會選舉	開放我們的黨（過半數）	一致政府
2007.12　總統選舉	李明博（大國家黨）	分立政府
2008.4　國會選舉	大國家黨（過半數）	一致政府
2012.4　國會選舉	新國家黨（過半數）	一致政府
2012.12　總統選舉	朴槿惠（新國家黨）	一致政府
2016.4　國會選舉	共同民主黨（未過半數）	分立政府
2017.5　總統選舉	文在寅（共同民主黨）	分立政府

資料來源：筆者自行整理。

韓民主化之後至今七次總統與八次國會選舉總計十五次選舉中，有九次選舉後形成分立政府，有六次選舉後形成一致政府。值得注意的是，在這六次形成一致政府的選舉中，有五次是發生在總統與國會選舉時間相近（相隔一年之內）的情況，分別是 1987 年 12 月的總統選舉（國會選舉於四個月後舉行）、1992 年 12 月的總統選舉（國會選舉於八個月前舉行）、2008 年 4 月的國會選舉（總統選舉於四個月前舉行）、2012 年 4 月的國會選舉（總統選舉於八個月後舉行）、2012 年 12

月的總統選舉（國會選舉於八個月前舉行）。這顯示**當總統與國會選舉時間相近時，較容易出現一致政府**。

　　就我國而言（如圖 4-5 所示），自 2008 年立委選舉採行並立式混合制之後，三次立委選舉的國會有效政黨數目都在 2.0 左右，並立式混合制在我國幾乎是「一步到位」將國會政黨體系形塑為兩黨制。在我國半總統制的憲政體制下，由於立委任期自 2008 年起與總統任期皆為四年，而且選舉時間非常接近（2008 年 1 月立委選舉，3 月總統選舉），甚至是同時選舉（2012 年 1 月與 2016 年 1 月皆總統與立委同時選舉），故自 2008 年至今始終形成總統、國會多數、內閣皆屬同一政黨的格局。在半總統制的架構中，就總統與國會的關係而言，總統與國會多數黨屬同一政黨，為一致政府；就內閣與國會多數的關係而言，組成內閣的政黨即為國會中的單一過半政黨，內閣型態為一黨內閣；就總統與內閣的關係而言，總統與組成內閣的政黨屬同一政黨，並非共治。整體而言，我國並立式混合制與半總統制組合下的政府型態為「一致政府／一黨內閣／非共治」。[8] 我國 2008 年實施並立式混合制之後的總統、國會多

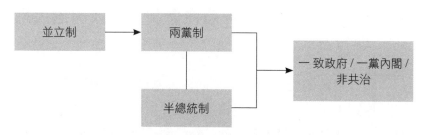

圖 4-5　我國並立制與半總統制組合下的政府型態

表 4-4 我國實施並立制之後的政府型態

選舉時間	總統當選人	國會多數黨	行政院長	政府型態
2008.1.12 立委選舉 2008.3.22 總統選舉	馬英九 （國民黨）	國民黨 （過半數）	劉兆玄（國民黨） （2008.5-2009.9） 吳敦義（國民黨） （2009.9-2012.2）	一致政府／ 一黨內閣／ 非共治
2012.1.14 總統與立委 同時選舉	馬英九 （國民黨）	國民黨 （過半數）	陳冲（國民黨） （2012.2-2013.2） 江宜樺（國民黨） （2013.2-2014.12） 毛治國（國民黨） （2014.12-2016.2） 張善政（無黨籍／ 偏國民黨） （2016.2-2016.5）	一致政府／ 一黨內閣／ 非共治
2016.1.16 總統與立委 同時選舉	蔡英文 （民進黨）	民進黨 （過半數）	林全（無黨籍／ 偏民進黨） （2016.5-2017.9） 賴清德（民進黨） （2017.9 至今）	一致政府／ 一黨內閣／ 非共治

資料來源：筆者自行整理。

數黨、行政院長與政府型態，可參見表 4-4。

參、混合式選制在不同憲政體制下造成的選民投票行為

關於選民的投票行為，可以分為兩個層面加以觀察，一是「投票與否」，即選民選擇投票或不投票；另一是「投票抉擇」，即選民若選擇投票，他（她）會投票給哪一個政黨或候選人。在「投票與否」這個層面，觀察的主要焦點是選舉的投

票率；在「投票抉擇」這個層面，由於在並立式混合制下選民將投兩票，觀察主要焦點或可放在選民是否「分裂投票」（split-ticket voting）。以下分別就這兩個層面加以探討。

(一) 選民的投票率

　　一般的觀點認為，選舉制度會影響選民的投票意願。不同選舉制度的比例代表性（proportionality）高低各有差異，在比例代表性較高的選舉制度下，由於選民所投的選票較容易轉換成席次，選民通常會有較高的意願出來投票，故投票率通常會較高；相反地，在比例代表性較低的選舉制度下，選民的投票意願往往較低，故投票率通常會較低。若觀察世界上主要民主國家，我們確實可以看到採行單一選區相對多數決制的國家（例如英美）投票率較低，採行比例代表制的國家（例如歐陸國家）投票率較高（Powell, 1984）。

　　在並立式混合制這種選舉制度中，若單一選區的名額占總名額的比例較多，此制整體的比例代表性偏差仍然明顯，因此選民的投票意願通常不高。換言之，在單一選區為主的並立式混合制下，投票率通常較低。日本、南韓與我國採行並立式混合制以來，三個國家的投票率整體而言皆低於過去採行單記非讓渡投票制時期，或許可推論與選舉制度改變有關。

　　投票率不僅受到選舉制度類型影響，也可能受到憲政體制影響。本章認為，國會選舉的投票率可能與憲政體制類型有關。在內閣制國家中，由於國會選舉是唯一人民可直接投票的中央層級選舉，且國會選舉不僅決定何人當選國會議員、哪個

政黨獲得國會多數，且國會選舉結果亦決定組閣權（執政權）的歸屬；相對地，在總統制國家中，總統與國會選舉皆由人民直接選舉產生，國會選舉僅是立法機關成員的選舉，並不決定執政權的歸屬。因此，若將總統制與內閣制國家的國會選舉進行整體性的比較，內閣制國家的選民通常會比總統制的國家更為看重國會選舉，通常會更有意願出來投票，因此內閣制國家國會選舉的投票率，整體而言應會高於總統制國家。至於在半總統制國家，則須看該國制度中國會選舉是否會決定組閣權的歸屬，若是則投票率較高，若否則投票率較低。換言之，在偏總統制運作的半總統制中，國會選舉投票率較低；在偏內閣制運作的半總統制中，國會選舉投票率較高。

我們可以上述的推論為基礎去觀察日本、南韓與我國採行並立式混合制後的歷屆國會選投票率。一方面就選舉制度觀之，單一選區名額占總名額比例愈高的並立式混合制，投票率應該會愈低。若是如此，由於南韓的並立式混合制中單一選區名額占總名額的比例最高，我國次之，日本最低，故南韓的國會選舉投票率應該會最低，我國次之，日本最高。另一方面就憲政體制觀之，在採行總統制的南韓與偏向總統制運作的我國，國會選舉投票率應該較低；在採行內閣制的日本，國會選舉投票率應該會較高。以下觀察日本、南韓與我國的實際經驗是否符合上述推論。

表 4-5 呈現的是南韓、日本與我國採行並立式混合制後歷次國會選舉的投票率，南韓與世界上其他新興民主國家有一個共同現象，即人民在民主政治剛實現的初期選舉會展現較高的

表 4-5　台、日、韓採行並立制以來歷次國會選舉投票率

南韓		日本		我國	
選舉年度	投票率	選舉年度	投票率	選舉年度	投票率
1988	75.73%	1996	59.65%	2008	58.50%
1992	71.86%	2000	60.62%	2012	74.70%
1996	63.91%	2003	59.80%	2016	66.25%
2000	57.21%	2005	67.46%		
2004	59.98%	2009	69.27%		
2008	46.01%	2012	59.32%		
2012	54.26%	2014	52.66%		
2016	58.03%	2017	53.68%		

資料來源：International Idea (2017).

熱情參與投票，因此會有較高的投票率。然而，南韓在實現民主化舉辦過三次國會大選之後，投票率明顯降低，南韓自 2000 年以來的國會選舉投票率皆低於六成。若計算 2000 年至今南韓五次國會選舉投票率的平均值，數值為 55.10%。在我國，過去三次採行並立式混合制的立委選舉中，由於 2012 年與 2016 年選舉是與總統選舉同時舉行，故不能以一般單獨舉行國會選舉的投票率視之。若捨去這兩次選舉不論，我國採行並立式混合制且未與總統選舉同行舉辦的立委選舉僅有 2008 年這一次，該次選舉的投票率為 58.50%。在日本，1996 年採行並立式混合制以來的歷次眾議院選舉投票率大致在六成左右，2005 年與 2009 年選舉的投票率甚至將近七成。若計算 1996 年至 2014 年日本七次國會選舉投票率的平均值，數值為

61.25%。[9] 就此看來，日本眾議院選舉的投票率（61.25%）最高，我國立法院選舉的投票率（58.50%）次之，南韓國會選舉的投票率（55.10%）最低，台、日、韓三國的實際經驗與前述推論完全一致。

（二）選民的分裂投票

在並立式混合制下，選民一票（第一票）投給候選人，以單一選區相對多數決制選出；另一票（第二票）投給政黨，以政黨比例代表制選出。在第一票部分，由於是單一選區的制度，小黨候選人幾乎沒有當選的機會，選民會考量自己的選票投給小黨候選人可能會浪費選票，因而即使內心較喜歡小黨候選人，仍傾向將選票投給兩大黨候選人中較不討厭者，以避免自己較不喜歡的另一大黨候選人當選，此種投票行為即為「策略性投票」（strategic voting）。在第二票部分，由於各政黨原則上可依得票率分配各黨在比例代表部分的席次，支持小黨的選民若將選票投給想小黨，小黨亦能根據得票率分得席次，選票不致浪費掉，故選民在第二票部分較有可能依內心的真實偏好投票，此種投票行為即為「誠摯投票」（sincere voting）。因此，選民在並立式混合制下，第一票傾向投給大黨，第二票較有可能投給小黨，亦即「分裂投票」。如表4-6、表4-7、表4-8所示，在南韓、我國與日本實施並立式混合制後最近三次國會選舉結果中，我們都可以看到大黨在第一票的全國得票率高於第二票，此即選民分裂投票造成的現象。

不過，日本、南韓與我國選民分裂投票的傾向並不完全相

表 4-6　南韓最近三次國會選舉各主要政黨的得票率

2008 年國會選舉			2012 年國會選舉			2016 年國會選舉		
政黨名稱	第一票(%)	第二票(%)	政黨名稱	第一票(%)	第二票(%)	政黨名稱	第一票(%)	第二票(%)
大國家黨	43.5	37.5	新國家黨 [10]	43.4	42.8	共同民主黨 [11]	37.0	25.5
民主統合黨	28.9	25.1	民主統合黨	39.1	36.5	新國家黨	38.3	33.5
自由先進黨	5.7	6.8	統合進步黨	4.7	10.3	國民之黨	14.9	26.7
親朴聯盟	3.7	13.2	自由先進黨	2.2	3.2	正義黨	1.6	7.2
民主勞動黨	3.4	5.7						
創新韓國黨	0.4	3.8						

資料來源：Adam Carr's Election Archive (2017).

表 4-7　我國最近三次立委選舉各主要政黨的得票率

2008 年立委選舉			2012 年立委選舉			2016 年立委選舉		
政黨名稱	第一票(%)	第二票(%)	政黨名稱	第一票(%)	第二票(%)	政黨名稱	第一票(%)	第二票(%)
國民黨	53.5	51.2	國民黨	48.1	44.6	民進黨	45.1	44.0
民進黨	38.2	36.9	民進黨	44.5	34.6	國民黨	38.7	26.9
台聯	0.9	3.5	親民黨	1.1	5.5	時代力量	1.3	6.5
			台聯 [12]	---	9.0	親民黨	2.9	6.1

資料來源：整理自中選會選舉資料庫網站（2016）。

表 4-8　日本最近三次眾議院選舉各主要政黨的得票率

2012 年眾議院選舉			2014 年眾議院選舉			2017 年眾議院選舉		
政黨名稱	第一票(%)	第二票(%)	政黨名稱	第一票(%)	第二票(%)	政黨名稱	第一票(%)	第二票(%)
自民黨	43.0	27.6	自民黨	48.1	37.8	自民黨	47.8	33.3
民主黨	22.8	15.9	民主黨	22.5	19.4	希望之黨	20.6	17.4
日本維新會	11.6	20.3	維新黨	8.2	15.7	立憲民主黨	8.5	19.9
公明黨	1.4	11.8	公明黨	1.5	13.7	公明黨	1.5	12.5
眾人之黨	4.7	8.7	共產黨	13.0	11.4	共產黨	9.0	7.9
未來黨	5.0	5.6	社民黨	0.8	2.5	日本維新會	3.2	6.1
共產黨	7.8	6.1				社民黨	1.2	1.7
社民黨	0.7	2.3						

資料來源：Adam Carr's Election Archive (2017).

同，在日本，大黨（尤其是自由民主黨）的第一票得票率遠高於第二票。至於南韓與我國的兩大黨，其第一票的得票率固然亦高於第二票，但兩票的得票差距不如日本明顯，這顯示南韓與我國選民的分裂投票傾向低於日本。

　　為何日本、南韓、我國選民分裂投票傾向有所差異？本章認為，憲政體制的差異，應是造成三個國家選民分裂投票傾向不同的主因。在具有總統直選的總統制與偏總統制的半總統制下，決定執政權歸屬的總統選舉是選民與政治人物關注的焦

點,而大黨在單一席次的總統選舉通常具有優勢,小黨則相對被邊緣化。這種以大黨為主角、小黨的能見度被大黨之間競爭所掩蓋的態勢也可能擴及其他政治場域,包括國會選舉。換言之,在具有總統直選的總統制與偏總統制的半總統制國家,由於較有實力提名主要總統候選人的政黨通常是大黨,大黨成為政治上鎂光燈焦點的程度會更甚於沒有總統直選的內閣制國家,這種將政治目光聚焦於大黨的傾向,不僅是存在於總統選舉的選戰過程中,也可能具有外溢效果而影響到國會選舉,使得選民在國會選舉中不僅在採行單一選區制的第一票傾向投給大黨,也同時在採行比例代表制的第二票傾向投給大黨。我們也可以想像,選民在國會選舉中第一票與第二票同時投給大黨的趨勢,在國會選舉與總統選舉時間相近或是同時舉行的情況下應該會更為明顯。相反地,選民在期中選舉中分裂投票的傾向應該會較為明顯。

我們可以將觀察選民分裂投票傾向的焦點放在南韓、我國與日本歷次國會選舉中前兩大黨的得票情況。先觀察南韓自 2008 年開始採行兩票制至今的三次國會選舉(參見表 4-6),在 2008 年國會選舉中,南韓前兩大黨(大國家黨與民主統合黨)第一票的得票率總和為 72.4%(43.5%+28.9%),第二票得票率總和為 62.6%(37.5%+25.1%);就此看來,該前兩大黨所獲得的第一票得票率總和比第二票得票率總和多了 9.8%(72.4%-62.6%)。在 2012 年國會選舉中,南韓前兩大黨(新國家黨與民主統合黨)第一票的得票率總和為 82.5%(43.4%+39.1%),第二票得票率總和為 79.3%

（42.8%+36.5%）；就此看來，該前兩大黨所獲得的第一票得票率總和比第二票得票率總和多了 3.2%（82.5%–79.3%）。在2016 年國會選舉中，南韓前兩大黨（共同民主黨與新國家黨）第一票的得票率總和為 75.3%（37.0%+38.3%），第二票得票率總和為 59.0%（25.5%+33.5%）；就此看來，該前兩大黨所獲得的第一票得票率總和比第二票得票率總和多了 16.3%（75.3%–59.0%）。平均而言，南韓最近三次國會選舉中，前兩大黨得票率總和比第二票得票率總和多了 9.77% [（9.8%+3.2%+16.3）/3]。

此外，我們可以看到，由於 2016 年國會選舉為期中選舉，國會選舉時間與前次總統選舉時間相隔近三年半（2012年 12 月總統選舉，2016 年 4 月國會選舉），故相較於 2008年與 2012 年分別為蜜月期與反蜜月期的國會選舉，選民分裂投票傾向確實較為明顯。

再觀察我國最近三次國會選舉（參見表 4-7），在 2008年國會選舉中，我國前兩大黨（國民黨與民進黨）第一票的得票率總和為 91.7%（53.5%+38.2%），第二票得票率總和為 88.1%（51.2%+36.9%）；就此看來，該前兩大黨所獲得的第一票得票率總和比第二票得票率總和多了 3.6%（91.7%–88.1%）。在 2012 年國會選舉中，我國前兩大黨（國民黨與民進黨）第一票的得票率總和為 92.6%（48.1%+44.5%），第二票得票率總和為 79.2%（44.6%+34.6%）；就此看來，該前兩大黨所獲得的第一票得票率總和比第二票得票率總和多了 13.4%（92.6%–79.2%）。在 2016 年國會選舉中，

我國前兩大黨（民進黨與國民黨）第一票的得票率總和為 83.8%（45.1%+38.7%），第二票得票率總和為 70.9%（44.0%+26.9%）；就此看來，該前兩大黨所獲得的第一票得票率總和比第二票得票率總和多了 12.9%（83.8%–70.9%）。平均而言，我國最近三次國會選舉中，前兩大黨得票率總和比第二票得票率總和多了 9.97%〔（3.6%+13.4%+12.9）/3〕。此一數據與前述提到的南韓數據（9.77%）相當接近。

最後再觀察日本最近三次眾議院選舉（參見表 4-8），在 2012 年眾議院選舉中，日本前兩大黨（自民黨與民主黨）第一票的得票率總和為 65.8%（43.0%+22.8%），第二票得票率總和為 43.5%（27.6%+15.9%）；就此看來，該前兩大黨所獲得的第一票得票率總和比第二票得票率總和多了 22.3%（65.8%–43.5%）。在 2014 年眾議院選舉中，日本前兩大黨（自民黨與民主黨）第一票的得票率總和為 70.6%（48.1%+22.5%），第二票得票率總和為 57.2%（37.8%+19.4%）；就此看來，該前兩大黨所獲得的第一票得票率總和比第二票得票率總和多了 13.4%（70.6%–57.2%）。在 2017 年眾議院選舉中，日本在單一選區部分得票最高的前兩大黨（自民黨與希望之黨）[13] 第一票的得票率總和為 68.4%（47.8%+20.6%），第二票得票率總和為 50.7%（33.3%+17.4%）；就此看來，該前兩大黨所獲得的第一票得票率總和比第二票得票率總和多了 17.7%（68.4%–50.7%）。平均而言，日本最近三次眾議院選舉中，前兩大黨得票率總和比第二票得票率總和多了 17.8%〔（22.3%+13.4+17.7%）/3〕。這個數據明顯高於南韓與我國的

數據（南韓為 9.77%；我國為 9.97%）。

　　若不以表 4-8 所列的最近三次國會選舉為限，而觀察日本自 1996 年以來實施並立式混合制的所有國會選舉。根據上述方式計算，可計算出日本採行並立式混合制以來的八次國會選舉中，前兩大黨得票率總和比第二票得票率總和多了 14.3%，此數據仍明顯高於南韓與我國的數據。這顯示在採行內閣制而沒有總統直選的日本，選民分裂投票的傾向確實比分別採行總統制與半總統制而有總統直選的南韓與我國來得明顯。

肆、結語

　　關於台、日、韓並立式混合制在這三國不同憲政體制下的政治效應，本章主要是將政治效應分為政黨體系、政府型態與選民投票行為三個層面加以觀察 [14]。在因果關係的推論上，當我們探討並立式混合制在不同憲政體制下所形塑的政黨體系時，乃是將台、日、韓三國的並立式混合制與憲政體制視為自變項，政黨體系視為依變項。當我們探討並立式混合制在不同憲政體制下所形成的政府型態時，則是將台、日、韓三國的並立式混合制視為自變項，憲政體制為中介變項，政府型態為依變項。而當我們探討並立式混合制在不同憲政體制下造成的選民投票行為時，台、日、韓三國的並立式混合制與憲政體制是自變項，選民投票行為則是依變項。

　　經由本章的探討，可以得到以下發現：

　　一、就憲政體制中總統直選制度的有無而言，實施總統制

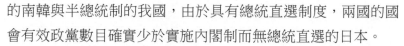

的南韓與半總統制的我國,由於具有總統直選制度,兩國的國會有效政黨數目確實少於實施內閣制而無總統直選的日本。

二、就憲政體制中選舉時程的安排而言,南韓與我國的實際經驗顯示,在期中選舉的選舉時程安排下,國會有效政黨數目確實較其他選舉時程的安排來得多。日本的實際經驗則顯示,在社會各界無預期的情況下被解散重選的國會選舉,可能導致國會有效政黨數目變得較少。

三、就政府型態而言,並立式混合制的選舉制度搭配上不同的憲政體制,會形成不同的政府型態。在日本,並立式混合制與內閣制相互搭配形成聯合內閣,在南韓,並立式混合制與總統制相互搭配形成一致政府或分立政府,在我國,並立式混合制與半總統制相互搭配則形成一致政府／一黨內閣／非共治。

四、就選民的投票行為而言,若以投票率為觀察焦點,台、日、韓三國的經驗顯示,在並立式混合制中單一選區名額占總名額的比例愈高,投票率可能愈低。而且,內閣制下的國會選舉投票率,大致上會高於總統制與偏總統制之半總統制下的國會選舉投票率。

五、就選民的投票率而言,若以選民的分裂投票為觀察焦點,台、日、韓三國的經驗顯示,採行內閣制的日本由於沒有總統直選,選民分裂投票的傾向較有總統直選的我國與南韓明顯。南韓的經驗則顯示,在期中選舉下,選民分裂投票的傾向較為明顯。

註解

1. 世界上內閣制民主國家中，有些國家對內閣解散國會權設有行使時機的限制（例如德國基本法規定僅有在內閣提出的信任案未獲國會通過時，內閣始能解散國會），亦即內閣擁有的解散國會權是被動解散權。由於行使時機的條件通常不易常發生，因此在內閣擁有被動解散權的內閣制國家，國會通常是隨法定任期屆滿而定期選舉。有些內閣制國家（例如日本與過去的英國）對內閣解散國會權則沒有行使時機的限制，亦即內閣擁有主動解散國會權。值得一提的是，英國於 2011 年通過《國會任期固定法》，將內閣的主動解散國會權改為被動解散權。該法規定僅有在國會倒閣後無法在國會多數的支持下組成新內閣，以及三分之二的國會議員決議通過這兩種情況下，國會才能提前改選。關於英國《國會任期固定法》的制定緣由與可能效應，參見 Blick（2016）。

2. 關於各國國會政黨數目的測量方式，本章採取的是 Laakso 和 Taagepera（1979: 3-27）所提出的公式。關於「國會有效政黨數目（N）」的計算公式可表示如下：$N = 1 / \sum Pi^2$（Pi 是指個別政黨的國會席次率）。

3. 可能會有論者認為，我國立委選舉制度改採並立式混合制後，選制對小黨之所以會有這麼明顯的壓縮效果，關鍵是因為政黨名單比例代表制部分的席次設有 5% 的政黨當選門檻。相對地，日本並立式混合制僅設有條件較寬鬆的政黨參選門檻而未設當選門檻，因而小黨在日本選制之下較有生存空間。筆者承認政黨當選門檻的高低確實是小黨生存空間大小的關鍵因素，不過，觀察日本改採並立式混合制之後的歷次選舉結果會發現，日本有許多小黨的全國得票率能夠超過 5%。換言之，即使日本如同我國設有 5% 的政黨當選門檻，這些小黨仍能在國會中獲得席次。因此筆者推

論，我國並立式混合制下小黨的生存空間之所以不如日本，應該還存在著政黨門檻之外的其他因素，而總統選舉制度應是其中因素之一。

4. 此處值得思考的問題是，在台、日、韓三國中，一方面南韓有最強勢的總統，理論上總統選舉對於政黨體系的影響（對政黨數目的壓縮效果）應該最大；另一方面南韓國會選舉採行的並立式混合制中，單一選區占總席次的比例在三國中最多，理論上也應對政黨數目造成最大的壓縮效果。但是，南韓的國會有效政黨數目在三國中並非最低。可見不論是憲政體制或選舉制度，在影響政黨體系上都有其限制。事實上，除了憲政體制與選舉制度，社會分歧程度亦是影響政黨體系的重要因素。社會分歧愈嚴重，通常政黨體系會愈多元化，政黨數目愈多。相較於日本與台灣，南韓雖有最強勢的總統與單一選區席次最多的國會選舉制度，但卻也具有最明顯的地域分歧，這應是導致南韓政黨數目在三國中並非最低的重要原因。

5. 衣尾效應是指當總統與國會緊鄰先後選舉（即蜜月期選舉）或同時選舉時，聲勢強大的總統候選人或當選人通常能對同黨國會議員候選人造成提攜的效果，使得在總統選舉中獲勝的政黨通常也能在國會選舉中獲得勝利。關於衣尾效應，參見 Clavert 和 Ferejohn（1983）、Campbell（1986）。

6. 2005 年 8 月 8 日，時任日本首相小泉純一郎主導並已在眾議院通過的郵政民營化法案遭到參議院否決，小泉遂宣布解散眾議院，9 月 11 日舉行選舉，由選民透過選舉決定是否支持小泉內閣力推的郵政民營化改革。關於此次選舉的背景，參見 Christensen（2006）、王鼎銘、黃紀、郭銘峰（2009）。2014 年 11 月，首相安倍晉三宣布延後調升消費稅，引發外界對於「安倍經濟學」成效的質疑。安倍晉三遂於 11 月 21 日宣布解散眾議院，12 月 14 日舉行選舉。他表示要藉由國會重新選舉，讓選民評價他的經濟政

策，由選民透過選舉決定「安倍經濟學該向前進還是該打住」。關於此次選舉的背景與結果，參見 Scheiner、Smith 和 Thies（2016）。

7. 日本 2012 年眾議院選舉後，在總席次 480 席中獲得 294 席的自由民主黨與獲得 31 席的公明黨共組聯合內閣，兩黨席次共 325 席，已掌握眾議院超過三分之二的席次（320 席）。席次遠超過半數的自由民主黨之所以會與公明黨組閣，主要是考量到當時兩黨在參議院席次的總和未達半數，無法在參議院形成多數聯盟，因此有必要在眾議院掌握三分之二以上的席次，以擺脫參議院對內閣施政可能造成的牽制。

8. 值得一提的是，由於我國立委與總統就任時間並不相同，在 2008 年 2 月立法院就任與 5 月馬英九總統就任之間，當時總統為即將卸任的陳水扁，新立法院多數黨為國民黨，閣揆為民進黨籍的張俊雄，故當時有三個多月政黨輪替過渡期的政府型態是「分立政府／少數內閣／非共治」。2016 年 2 月至 5 月間也是類似的情況，當時總統為即將卸任的馬英九，新立法院多數黨為民進黨，閣揆為偏國民黨的張善政，這三個多月過渡期的政府型態亦是「分立政府／少數內閣／非共治」，而非「一致政府／一黨內閣／非共治」。

9. 日本 2017 年 10 月 22 日眾議院選舉當天，適逢蘭恩颱風來襲，一般認為天候因素是當天投票率偏低的主要原因。基於此特殊原因，此處計算日本歷次眾議院選舉投票率的平均值時，不將此次選舉納入計算。

10. 南韓「新國家黨」即是原本的「大國家黨」改名而來。

11. 南韓「共同民主黨」乃是由原本「民主統合黨」的勢力改組而成。

12. 在此次立委選舉中，台聯在區域立委部分未提名任何候選人，因此沒有第一票的數據。

13. 日本 2017 年眾議院選舉出現一個較特別的現象：雖然第一票（單一選區選票）與第二票（比例代表制選票）得票最高的政黨皆是

自由民主黨，但第一票與第二票得票排名第二的政黨並不同。第一票得票排名第二的政黨是希望之黨，第二票得票排名第二的政黨則是立憲民主黨。本文在此觀察的是第一票得票最高的前兩大黨，即自民黨與希望之黨的得票情形。

14. 關於台、日、韓相似選制在不同憲政體制下的政治效應，並不必然僅限於本文所指的這三種層面。吳玉山（2017：9-11）便指出，這三個國家相似的選制搭配不同的憲政體制，亦對政黨執政權力輪替的變動可能性造成影響。台、日、韓三國都有優勢政黨（dominant party）的存在，而三國採行的並立式混合制都有利於優勢政黨（大黨）在國會中獲得多數席次。對採行內閣制的日本而言，只要優勢政黨能夠在國會大選中獲勝，便可掌握政權，而不須擔心因為總統選舉敗選而喪失政權。對於採行總統制的南韓與採行半總統制的台灣而言，由於總統皆由人民直選，而且是採相對多數決制選出，因此相對於內閣制而言，較有可能出現大黨雖然掌握國會，但反對勢力透過相對多數決制的總統選舉以奪取政權的情況。因此，台韓兩國在民主化後，很快就出現了非優勢政黨掌握執政權力的情況，而且兩國至今皆已出現多次政黨輪替；而日本則在絕大多數時期，仍由優勢政黨（自由民主黨）掌握執政權力，極少發生政黨輪替。

第五章

結論

　　本書除了介紹台灣的憲政發展外,也介紹了日本、南韓的憲政體制與選舉制度演變。另外,本書還強調由宏觀的觀點,同時觀察憲政體制與選舉制度對於憲政運作的影響。台灣歷經解嚴、國會議員全面改選和總統直選後,已成為民主國家,是不爭的事實。但自憲政體制和國會選舉制度開始改革之初,至改革之後,不斷出現修訂憲政體制和國會選舉制度的聲浪,主要的原因可能是實際施行新的制度後,人們才發現新制度運作不如原先所想像的順利,或是當初改革的方向僅是各方妥協的結果,所以在新的制度實施後,便想要再度更改制度。單就憲政體制轉變的過程來討論,日本和南韓在民主化之後,沒有轉變過憲政運作,兩個國家分別維持內閣制、總統制,所以本書也無法根據兩個國家的案例,來詳細討論或比較憲政運作轉變的前後情況。但這兩個國家的憲政運作仍值得台灣借鏡,本章將以日本、南韓的運作過程做為參考,討論台灣憲政體制與選舉制度可能的改革方向。

　　目前台灣憲政體制的改革方向,討論焦點在是否轉移至總統制或內閣制。由於半總統制的運作過程中,總理必須向國會負責,如果總理是行政權力的主導者,其負責行政事務同時又向國會負責,憲政運作的爭議較小,但如果總統是行政權力的主導者,總統又不需要直接向國會負責,加上總統有固定任期,就會產生權力制衡上的爭議。以台灣的憲政運作情況來看,憲法第53條規定行政院為國家最高行政機關,憲法增修條文第3條也明訂行政院對立法院負責,立法院也可以針對行政院長發動不信任案。這些條文均顯示行政院長為行政首長,

且行政院長必須向立法院負責。不過實際的憲政運作上，總統可以依照憲法增修條文第 3 條來主導行政院長的任命、免除過程，總統可以選擇自己偏好的人選擔任行政院長，如果行政院長無法達成總統的要求，總統也可以免除其職務，所以總統也是行政權力的主導者之一。立法院對於總統的制衡機制除了提出罷免案與彈劾案之外，沒有其他憲政運作的機制可以制衡總統，也因此產生權力制衡的問題。

　　在台灣國會選舉制度的改革方面，2008 年首次採用新的國會選舉制度後，總共經歷三次立法委員選舉。對比選制改革前後的結果，國會有效政黨數目顯著的減少，表示小黨的候選人當選進入立法院的機會降低，大黨囊括多數席次。因此，便有改革意見希望選制的改革能夠讓小黨有更多的當選機會。[1]由於選舉制度的種類繁多，在此不列出各種選舉制度，而是列出選舉制度改變後的結果。從選舉制度改革的結果來看，有效政黨數目增加表示有更多的小黨能進入國會，所以國會的席次分配較為分散；有效政黨數目減少表示席次集中在大黨。

　　圖 5-1 是依照前面有關於憲政體制與選舉制度的改革方向，列出可能的狀況。狀況一和狀況二，分別是憲政體制改為內閣制或準內閣制後，選舉制度改革導致有效政黨數目增加或減少。如果台灣的憲政運作改為內閣制，依照內閣制的定義以及日本內閣制的運作模式，將會出現幾個改革，首先是總統由人民直接選舉的機制將會被取消。如果台灣未來改革方向採取吳玉山（2011）定義的準內閣制，總統直選將繼續保留，但總統的權力會被限縮，僅剩下儀式性的功能。另外，不論是內閣

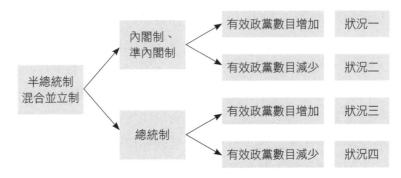

圖 5-1　我國憲政體制與選舉制度可能改革的方向

制或準內閣制，行政院長必須獲得國會多數議員的同意才能上任，行政院長為行政權的領導者。這種改革方向的優點是政策制定的責任較為明確，不會出現政策想法源自於總統或行政院長的問題，且遭遇政治僵局時，立法院可以發動倒閣，或是行政院長主動解散立法院，藉由更換內閣或立法院重新選舉來解決政治僵局。

　　台灣憲政體制改革朝向內閣制或準內閣制發展，固然有前述的優點，但可能遭遇幾個難題。第一個會遭遇難題是取消總統直選，是否能被人民能接受？自解嚴後，當時反對黨的其中一個訴求是總統直選，讓人民可以直接選出一個有實權的國家領導者。未來如果要更改為內閣制或準內閣制，人民將無法透過直接選舉選出國家的領導者，或是選出一個沒有政治實權的國家元首，可能不被人民所接受。目前全世界的民主國家當中，只有摩爾多瓦（Moldova）曾經出現總統的產生方式，由人民直接選舉改為國會議員選舉，所以台灣如果要透過取消總統直選來轉變為內閣制，可能性較低。

　　第二個會遭遇的問題，是行政首長的人選由國會的多數來決定。按照台灣在 2008 年之後的政黨體系，如果維持原有的選制，或是朝向減少有效政黨數目的方向改革，如同圖 5-1 的狀況二，就不會有太大的問題，因為三次國會選舉皆有單一政黨取得過半數的席次。但如果選舉制度的改革方向是增加有效政黨數目，如同圖 5-1 的狀況一，就有可能出現單一政黨無法取得過半數的席次，政黨之間必須協商、合作才能組閣，造成的結果是組閣困難，或內閣更換頻仍。以 1993 年日本眾議院選舉為例，當年並未有政黨在眾議院獲得過半數的席次，導致 1993 至 1996 年之間，日本首相頻繁的更換。此外，在本書的第四章也提及總統直選對於政黨體系的影響，如果總統直選被取消，或是總統權力被縮減，[2] 大黨將無法藉由總統選舉的衣尾效應來增加本身在國會選舉的得票率，國會選舉的結果對於小黨較為有利，國會的有效政黨數目將會增加，較容易出現單一政黨無法掌握國會多數的情況，有可能引發政治不穩定。

　　台灣的修憲方向如果朝向總統制發展，就有可能出現圖 5-1 當中狀況三和狀況四的情況。參照南韓的經驗和學界對於總統制的定義，台灣的憲政運作轉變為總統制，必須移除行政院長的職務，由總統直接領導內閣，或是移除立法院的倒閣權，行政院長便不需要向立法院負責，變成總統的幕僚。在總統制的運作之下，有較為明確的政策主導者。儘管總統不需要親自到國會接受國會議員的質詢，國會仍然能透過審查法案和預算來監督行政權。

　　總統制能否流暢的運作，關鍵在於總統能否掌握國會多

數。以南韓為例，憲政運作曾經出現的問題，總統無法掌握國會多數，導致政務推動困難。台灣也有類似的經驗，在陳水扁擔任總統期間，也曾出現執政黨無法取得過半數席次的情況。從兩個國家的施行情況來看，行政和立法之間的對立，只能等到下一次的總統或國會選舉才有可能解決。所以如果台灣的憲政運作改為總統制，國會選制的改革方向以及選舉時程就更為重要。在選舉時程方面，南韓總統、國會的任期並不相同，選舉時程因而出現蜜月期、反蜜月期、同時選舉，總統選舉對於國會選舉的影響變異性較大。台灣目前的總統、立法委員的任期皆為四年，且在同一年舉行選舉，所以不會出現期中選舉，對於大黨較為有利。當前的立委選舉制度也對於大黨有利，所以保留現有的國會選舉時程、制度，再更改憲政體制為總統制，總統較容易掌握國會多數。[3] 如果國會選舉制度改變，立法院的有效政黨數目增加，如同圖 5-1 的狀況三，也表示大黨的席次將會減少，總統無法掌握國會多數的機率增加，行政、立法之間將更容易出現僵局。

憲政改革可能牽涉到多個層面，在可能牽涉到多個因素，導致最後的結果出人意料。本章的說明，是根據三個國家的憲政體制和政黨體系運作經驗，來判斷台灣未來憲政改革可能的結果。分析的範圍僅涵蓋憲政運作和選舉制度改革，並提出一個初步的分析，無法包含全部的因素。但本章的重點是，不論何種憲政體制，一個國家的政黨體系對於憲政運作有重要的影響，選舉制度是影響政黨體系的重要因素，所以在討論憲政體制改革的過程中，不能把選舉制度的影響排除在外。

註解

1. 陳慧萍，2014，〈立委選舉 小英主張改為聯立制〉，自由時報電子報，12 月 3 日，http://news.ltn.com.tw/news/focus/paper/835868，檢索日期，2017 年 12 月 31。
2. Elgie、Bucur、Dolez 和 Laurent（2014）的研究發現總統權力愈小，總統選舉對於政黨體系的影響效果也愈小。
3. 總統較容易掌握國會多數，並不表示總統一定能掌握國會多數，也有可能出現單一反對黨取得過半數的國會席次。

參考文獻

一、中文參考資料

王月玫，1998，《總統與國會選制的政治影響—以總統制、半總統制國家為例》，台北：政治大學政治學系碩士論文。

王業立、彭怡菲，2004，〈分裂投票—一個制度面的分析〉，《台灣政治學刊》8（1）：3-45。

王鼎銘、黃紀、郭銘峰，2009，〈2005年日本眾議員選舉之分析—自民黨策略與小泉魅力之影響〉，《問題與研究》48（2）：1-34。

王業立，2016，《比較選舉制度》，台北：五南圖書。

沈有忠，2012，〈半總統制「權力總統化」之比較研究〉，《臺灣民主季刊》9（4）：1-36。

呂炳寬，2014，〈我國與法國選舉時程之比較研究〉，第五屆「半總統制與民主國際學術研討會」論文，中山大學政治學研究所、中央研究院政治學研究所、香港珠海學院亞洲研究中心主辦，高雄：中山大學政治學研究所，5月17日。

李佩珊，2005，〈半總統制下的民主治理：台灣與南韓之比較〉，國家科學委員會專題研究計畫成果報告（NSC 93-2414-H-194-009）。

李國雄，2007，《比較政府與政治》，台北：三民書局。

吳親恩、李鳳玉，2007，〈選舉制度與台灣政黨族群議題立場的和緩〉，《政治學報》43：71-99。

吳玉山，2011，〈半總統制：全球發展與研究議程〉，《政治科學論叢》47：1-32。

吳玉山，2017，〈導論—亞洲優勢政黨的研究議程〉，收錄於孫采薇、吳玉山（編），《優勢政黨與民主—亞洲經驗的省思》，台北：巨流，頁1-20。

林長志，2009，《立委選制變遷對選民投票行為之影響》，台北：政治大學政治學研究所博士論文。

林繼文，2008，〈以輸為贏—小黨在日本單一選區兩票制下的參選策略〉，《選舉研究》15（2）：37-66。

徐永明，2005，〈國會改革措施與選舉制度變革〉，收錄於行政院研究考核委員會（編），《憲改方向盤》，台北：五南圖書，頁199-218。

陳滄海、林瑞隆，2005，〈第七屆立法委員選舉對台灣立法政治生態之影響〉，《台北市立教育大學學報（人文社會類）》40（1）：29-54。

陳宏銘、蔡榮祥，2008，〈選舉時程對政府組成型態的牽引力：半總統制經驗之探討〉，《東吳政治學報》26（2）：117-180。

陳陸輝、周應龍，2008，〈如何評估單一選區兩票制下候選人票與政黨票之間的連動關係〉，黃紀、游清鑫（編）《如何評估選制變遷：方法論的探討》，台北：五南圖書，頁151-172。

郭銘峰，2010，《並立式混合選制下兩票之連帶效果：日本眾議員選舉政黨重複提名策略與成效》，台北：台灣大學政治學研究所博士論文。

許介鱗、楊鈞池，2006，《日本政治制度》，台北：三民書局。

鄧志松、吳親恩、柯一榮，2010，〈選票空間分布與席次偏差：第六、七屆立委選舉的考察〉，《選舉研究》17（1）：21-53。

黃紀，2008，〈單一選區兩票並立制下選民的投票抉擇—分析方法之探討〉，黃紀、游清鑫（編），《如何評估選制變遷：方法論的探討》，台北：五南圖書，頁129-150。

黃信達、王業立，2008，〈選制改革對地方政治生態的影響—研究方法的探討〉，黃紀、游清鑫（編），《如何評估選制變遷：方法論的探討》，台北：五南圖書，頁175-195。

游清鑫，2006，〈單一選區兩票制—成分與政治影響〉，社團法人台灣法學會（編），《台灣法學新課題（四）》，台北：元照，頁3-30。

游清鑫，2008，〈如何評估選區重劃的政治效果〉，黃紀、游清鑫（編），《如何評估選制變遷：方法論的探討》，台北：五南圖書，頁 21-48。

游清鑫，2012，〈初體驗與粗體驗：台灣民眾對立委新選制的認知、參與及評價〉，《選舉研究》19（1）：1-32。

盛治仁，2006，〈單一選區兩票制對未來台灣政黨政治發展之可能影響探討〉，《台灣民主季刊》3（2）：63-86。

盛杏湲，2008，〈如何評估選制變遷對區域立委的代表角色與行為的影響—研究方法的探討〉，黃紀、游清鑫（編），《如何評估選制變遷：方法論的探討》，台北：五南圖書，頁 223-249。

蔡佳泓、王鼎銘、林超琦，2008，〈選制變遷對政黨體系之影響評估—變異量結構模型之探討〉，黃紀、游清鑫（編）《如何評估選制變遷：方法論的探討》，台北：五南圖書，頁 197-222。

鄭夙芬，2008，〈選民對新選制的認知與評價—焦點團體研究法的應用〉，黃紀、游清鑫（編），《如何評估選制變遷：方法論的探討》，台北：五南圖書，頁 91-127。

蕭怡靖、黃紀，2010，〈單一選區兩票制下的一致與分裂投票—2008年立法委員選舉的探討〉，《台灣民主季刊》7（3）：1-43。

鄧志松、吳親恩，2008，〈立委選舉地盤估計—GIS 與空間分析的應用〉，黃紀、游清鑫（編）《如何評估選制變遷：方法論的探討》，台北：五南圖書，頁 49-87。

廖益興，2010，〈選舉制度變革效應的分析與檢視—以 2008 年立委選舉為例〉，《中華行政學報》7：61-76。

蘇偉業，2005，〈從權力結構比較「總統制」、「內閣制」及「半總統制」〉，發表於 2005 年中國政治學會年會暨學術研討會，中國政治學會主辦，2005 年 10 月 1-2 日。

蘇子喬，2010，〈憲政體制與選舉制度的配套思考〉，《政治科學論叢》44：35-74。

蘇子喬，2013，〈兼容並蓄或拼裝上路？—從內閣制與總統制優劣辯論檢視半總統制的利弊〉，《臺灣民主季刊》10（4）：1-48。

蘇子喬，2013，《中華民國憲法：憲政體制的原理與實際》，台北：三民書局。

蘇子喬，2017，〈南韓與臺灣憲政體制之比較—「形異實同」的憲政體制〉，《中研院法學期刊》20：77-153。

蘇子喬、王業立，2012，〈總統與國會選制影響政黨體系的跨國分析〉，《問題與研究》51（4）：35-70。

蘇子喬、王業立，2014，〈國會與總統選舉制度對半總統制憲政運作的影響—台灣與法國的比較〉，《政治科學論叢》62：35-78。

二、英文參考資料

Adam Carr's Election Archive. http://psephos.adam-carr.net/countries/t/thailand/. Latest update 8 November 2017.

Batto, Nathan, Chi Huang, Alexander Tan, and Gary Cox. 2016. *Mixed-member Electoral Systems in Constitutional Context: Taiwan, Japan, and Beyond*. Ann Arbor: University of Michigan Press.

Blick, Andrew. 2016. "Constitutional Implications of the Fixed-Term Parliaments Act." *Parliamentary Affairs*, 69(1): 19-35.

Bormann, Nils-Christian, and Matt Golder. 2013. "Democratic Electoral Systems Around the World, 1946-2011." *Electoral Studies*, 32(360-369.

Calvert, Randall, and John Ferejohn. 1983. "Coattail Voting in Recent Presidential Elections." *American Political Science Review*, 77(2): 407-419.

Campbell, James. 1986. "Predicting Seat Gains from Presidential Coattails." *American Journal of Political Science*, 30(1): 165-183.

Christensen, Ray. 2006. "An Analysis of the 2005 Japanese General Election: Will Koizumi's Political Reforms Endure?." *Asian Survey*, 49(4): 497-516.

Cox, Gary. 1997. *Making Votes Count: strategic coordination in the world's electoral system*. NY: Cambridge University Press.

Cox, Gary, and Emerson Niou. 1994. "Seat Bonuses Under the Single Nontransferable Vote System: Evidence from Japan and Taiwan." *Comparative Politics*, 26(2): 221-236.

Croissant, Aurel. 2002. "Electoral Politics in South Korea." in Aurel Croissant, Gabriele Bruns and Marei John (eds.), *Electoral Politics in Southeast and East Asia*: 233-276. Singapore: Friedrich Ebert Foundation.

Downs, Anthony. 1957. *An Economic Theory of Democracy*. New York: Harper.

Duverger, Maurice. 1954. *Political Parties: Their Organization and Activity in the Modern State*. London: Methuen.

Duverger, Maurice. 1980. "A New Political System Model: Semi-Presidentialism Government." *European Journal of Political Research*, 8(2): 165-187.

Duverger, Maurice. 1986. "Duverger's Law: Forty Years Later." in Bernard Grofman and Arend Lijphart (eds.), *Electoral Laws and Their Political Consequences*: 69-84. New York: Agathon Press.

Elgie, Robert. 1999. "The Politics of Semi-presidentialism." in Robert Elgie (Ed.), *Semi-presidentialism in Europe*: 1-21. New York: Oxford University Press.

Elgie, Robert. 2005. "A Fresh Look at Semipresidentialism: Variations On a Theme." *Journal of Democracy*, 16(3): 98-112.

Elgie, Robert. 2008. *Semi-Presidentialism: An Increasingly Common*

Constitutional Choice. Paper presented at the Semi-Presidentialism and Democracy, Taipei.

Elgie, Robert, Cristina Bucur, Bernard Dolez, and Annie Laurent. 2014. "Proximity, Candidates, and Presidential Power: How Directly Elected Presidents Shape the Legislative Party System." *Political Research Quarterly*, 67(3): 467-477.

Epstein, Leon. 1967. *Political Parties in Western Democracie*. New York: Praege.

Golder, Matt. 2006. "Presidential Coattails and Legislative Fragmentation." *American Journal of Political Science*, 50(1): 34-48.

Gordon, Andrew. 2003. *A Modern History of Japan: From Tokugawa Times to the Present.* New York: Oxford University Press.

Heywood, Andrew. 2000. *Key Concepts in Politics*. New York: Palgrave Macmillan.

Hong, Wan Sik. 2010. *Electoral Systems and Constitutional Principles in Korea*. Paper presented at the 9th World Congress of the International Association of Constitutional Law: Constitutions and Principles, Mexico City.

Huang, Chi, Ming-Feng Kuo, and Hans Stockton. 2016. "The Consequences of MMM on Party Systems." in Nathan Batto, Chi Huang, Alexander Tan and Gary Cox (eds.), *Mixed-Member Electoral Systems in Constitutional Context: Taiwan, Japan, and Beyond*. Ann Arbor: The University of Michigan Press.

Huang, Chi, and Ching-Hsin Yu. 2011. "Political Cycle of Voters' Understanding of the New Electoral System: the Case of Taiwan." *Japanese Journal of Electoral Studies*, 27(2): 60-76.

Inter-Parliamentary-Union. 2017. "PARLINE database on national parliaments." Nov 02, Lastg Update Date.

International Idea. 2016. Voter Turnout Data for Japan. Available at http://www.idea.int/vt/countryview.cfm?id=114.

International Idea. 2016. Voter Turnout Data for Republic of Korea. Available at http://www.idea.int/vt/countryview.cfm?id=122.

International Idea. 2016. Voter Turnout Data for Taiwan. Available at http://www.idea.int/vt/countryview.cfm?id=226.

Jones, Mark. 1994. "Presidential Electoral Laws and Multipartism in Latin America." *Political Research Quarterly*, 47(1): 41-57.

Jun, Hae-Won, and Simon Hix. 2010. "Electoral Systems, Political Career Paths and Legislative Behavior: Evidence from South Korea's Mixed-Member System." *Japanese Journal of Political Science*, 11(2): 153-171.

Laakso, Markku, and Rein Taagepera. 1979. "Effective Number of Parties: A Measure with Application to West Europe." *Comparative Political Studies*, 12(1): 3-27.

Lee, Sangmook. 2006. *The Logic of Election System Change in South Korea: Context, Strategy, and Institutional Choice*. Doctor of Philosophy, Texas Tech University, Texas.

Lijphart, Arend. 1984. *Democracies: Patterns of Majoritarian and Consensus Government in Twenty-one Countries*. CT: Yale University Press.

Lijphart, Arend. 1994. *Electoral Systems and Party Systems: A Study of Twenty-Seven Democracies*, 1945-1990. New York: Oxford University Press.

Lijphart, Arend. 2004. "Constitution Design for Divided Societies." *Journal of Democracy*, 15(2): 96-109.

Linz, Juan. 1990. "The Perils of Presidentialism." *Journal of Democracy*, 1(1): 51-69.

Linz, Juan. 1994. "Presidential or Parliamentary Democracy." in Juan Linz and Arturo Valenzuela (Ed.), *The Failure of Presidential Democracy*: 3-87. Baltimore: Johns Hopkins University Press.

Mainwaring, Scott, and Matthew Shugart. 1997. "Juan Linz, Presidentialism, and Democracy: A Critical Appraisal." *Comparative Politics*, 29(4): 449-471.

Mcnelly, Theodore. 2003. "The Government of Japan." in Michael Curtis (Ed.), *Introductin to Comparative Government*: 261-325. New York: Longman.

Nadeau, Richard, Edouard Cloutier, and J.-H. Guay. 1993. "New Evidence about the Existence of a Bandwagon Effect in the Opinion Formation Process." *International Political Science Review*, 14(2): 203-213.

Nohlen, Dieter, Florian Grotz, and Christor Hartmann. 2001. *Elections in Asia and the Pacific: a data handbook*. Oxford University Press.

Pierson, Paul. 2004. *Politics in Time: History, Institutions, and Social Analysis*. New Jersey: Princeton: Princeton University Press.

Powell, G. Bingham. 1984. *Contemporary Democracies: Participation, Stability, and Violence*. Cambridge, MA: Harvard University Press.

Rosenbluth, Frances, and Michael Thies. 2004. "Politics in Japan." in Gabriel Almond, G. Bingham Powell, Kaare Storm and Russell Dalton (eds.), *Comparative Politics Today: A World View*: 317-364. New York: Pearson.

Samuels, David, and Matthew Shugart. 2010. *Presidents, Prime Ministers and Political Parties*. New York: Cambridge University Press.

Sartori, Giovanni. 1976. *Parties and Party Systems: A Framework for Analysis*. New York: Cambridge University Press.

Sartori, Giovanni. 1994. *Comparative Constitutional Engineering: An Inquiry into Structures, Incentives and Outcomes*. New York: New

York University Press.

Scheiner, Ethan, Daniel Smith, and Michael Thies. 2016. "The 2014 Japanese Election Results: The Opposition Cooperates but Fails to Inspire." in Robert Pekkanen, Steven Reed and Ethan Scheiner (eds.), *The Japanese General Election*: 22-38. New York: Palgrave Macmillan.

Schmitt-Beck, Rüdiger. 2008. "Bandwagon Effect." in Gianpietro Mazzoleni, Kevin Barnhurst, Ken'ichi Ikeda, Rousiley Maia and Hartmut Wessler (eds.), *The International Encyclopedia of Political Communication*. Oxford, UK: Wiley-Blackwell.

Shepsle, Kenneth. 1989. "Studying Institutions: Some Lessons from the Rational Choice Approach." *Journal of Theoretical Politics*, 1(2): 131-147.

Shugart, Matthew. 2005. "Semi-Presidential Systems: Dual Executive and Mixed Authority Patterns." *French Politics*, 3: 323-351.

Shugart, Matthew, and John Carey. 1992. *Presidents and Assemblies: Constitutional Design and Electoral Dynamics*. New York: Cambridge University Press.

Taagepera, Rein, and Matthew Shugart. 1989. *Seats & Votes: The Effects & Determinants of Electoral Systems*. CT: Yale University Press.

Tsai, Chia-Hung, Ching-Hsin Yu, Lu-Huei Chen, Chao-Chi Lin, and Su-Feng Cheng. 2011. *Multilevel Analysis of Voting Behavior under Mixed-Member Majoritarian Systems: Korea, Taiwan, and Japan*. Paper presented at the Asian Election Study International Conference., Daejeon.

Tsai, Jung-Hsiang. 2009. "Political Structure, Legislative Process, and Corruption: Comparing Taiwan and South Korea." *Crime, Law and Social Change*, 52: 365-383.

Wu, Yu-Shan. 2007. "Semi-presidentialism-easy to choose, difficult to operate: the case of Taiwan." in Robert Elgie and Sophia Moestruip (eds.), *Semi-presidentialism outside Europe: A comparative study*. New York: Routledge.

Wu, Yu-Shan. 2011. "Clustering of Semi-Presidentialism: A First Cut." in Robert Elgie, Sophia Moestrup and Yu-Shan Wu (eds.), *Semi-Presidentialism and Democracy*: 21-41. New York: Palgrave Macmillan.

Wu, Yu-Shan, and Yu-Chung Shen. 2017. "Constitutional Divergence in East Asia: Causes and Consequences." in Tun-jen Cheng and Yun-han Chu (eds.), *Routledge Handbook of Democratization in East Asia*. New York: Routledge.

Yang, Sung Chul. 1994. *The North and South Korean Political Systems: A Comparative Analysis*. Seoul: Westview Press.

Zhang, Baohui. 2008. "Improving Democratic Governance in East Asia." *Asia Journal of Political Science*, 16(1): 64-84.

附錄

本書創作來源

　　本專書之主要創作來源以科技部補助之人文及社會科學專題研究計畫研究成果，內容包含如下：

計畫年度	主持人姓名	執行機構	計畫名稱
99 年度	王業立	國立臺灣大學政治學系暨研究所	總統與國會選舉制度對政黨體系的綜合影響：跨國比較（計畫編號：NSC 99-2410-H-002-120）
102 年度	王業立	國立臺灣大學政治學系暨研究所	國會與總統選制對半總統制憲政運作的影響（計畫編號：NSC 102-2410-H-002-121-MY2）
104 年度	王業立	國立臺灣大學政治學系暨研究所	並立式混合制在不同憲政體制下的政治效應：日本、南韓與台灣的比較（計畫編號：MOST 104-2410-H-002-099 -）

國家圖書館出版品預行編目資料

台、日、韓憲政體制與選舉制度 / 王業立, 蘇子喬,
石鵬翔著 .-- 初版 .-- 臺北市：五南, 2018.07
　　面；　公分 .-- (政黨選舉與比較選舉制度；1)
ISBN 978-957-11-9767-8(平裝)

1. 憲政主義 2. 選舉制度

572.3　　　　　　　　　　　　　　　107008724

1PMA

台、日、韓憲政體制與選舉制度

作　　者 ─ 王業立　蘇子喬　石鵬翔

發 行 人 ─ 楊榮川

總 經 理 ─ 楊士清

總 編 輯 ─ 楊秀麗

副總編輯 ─ 劉靜芬

責任編輯 ─ 黃郁婷

封面設計 ─ 姚孝慈

出 版 者 ─ 五五南圖書出版股份有限公司

地　　址：106 台北市大安區和平東路二段 339 號 4 樓

電　　話：(02)2705-5066　傳　　真：(02)2706-6100

網　　址：https://www.wunan.com.tw

電子郵件：wunan@wunan.com.tw

劃撥帳號：01068953

戶　　名：五南圖書出版股份有限公司

法律顧問　林勝安律師事務所　林勝安律師

出版日期　2018 年 7 月初版一刷
　　　　　2021 年 7 月初版二刷

定　　價　新臺幣 350 元

本書內容所使用照片為 Shutterstock 圖庫提供。

經典永恆・名著常在

五十週年的獻禮 —— 經典名著文庫

五南，五十年了，半個世紀，人生旅程的一大半，走過來了。
思索著，邁向百年的未來歷程，能為知識界、文化學術界作些什麼？
在速食文化的生態下，有什麼值得讓人雋永品味的？

歷代經典・當今名著，經過時間的洗禮，千錘百鍊，流傳至今，光芒耀人；
不僅使我們能領悟前人的智慧，同時也增深加廣我們思考的深度與視野。
我們決心投入巨資，有計畫的系統梳選，成立「經典名著文庫」，
希望收入古今中外思想性的、充滿睿智與獨見的經典、名著。
這是一項理想性的、永續性的巨大出版工程。
不在意讀者的眾寡，只考慮它的學術價值，力求完整展現先哲思想的軌跡；
為知識界開啟一片智慧之窗，營造一座百花綻放的世界文明公園，
任君遨遊、取菁吸蜜、嘉惠學子！